Documentos da CNBB – 26

CATEQUESE RENOVADA ORIENTAÇÕES E CONTEÚDO

Documento aprovado pelos Bispos do Brasil
na 21ª Assembléia Geral, 15 de abril de 1983

39ª edição – 2009
9ª reimpressão – 2023

Nenhuma parte desta obra poderá ser reproduzida ou transmitida por qualquer forma e/ou quaisquer meios (eletrônico ou mecânico, incluindo fotocópia e gravação) ou arquivada em qualquer sistema ou banco de dados sem permissão escrita da Editora. Direitos reservados.

Cadastre-se e receba nossas informações
www.paulinas.com.br
Telemarketing e SAC: 0800-7010081

Paulinas
Rua Dona Inácia Uchoa, 62
04110-020 – São Paulo – SP (Brasil)
📞 (11) 2125-3500
✉ editora@paulinas.com.br
© Pia Sociedade Filhas de São Paulo – São Paulo, 1983

ÍNDICE DE ABREVIATURAS

AA	Apostolicam Actuositatem — Concílio Vaticano II
AG	Ad Gentes — Concílio Vaticano II
Cân.	Codex iuris canonici, 1983
CNBB - doc. 20	Vida e Ministério do Presbítero — Pastoral vocacional, 1981
CT	Catechesi Tradendae — João Paulo II, 1979
DCG	Diretório Catequético Geral, 1971
DV	Dei Verbum — Concílio Vaticano II
ECOP	Exigências Cristãs para uma Ordem Política — CNBB, 1977
EN	Evangelii Nuntiandi — Paulo VI, 1976
GE	Gravissimum Educationis — Concílio Vaticano II
GS	Gaudium et Spes — Concílio Vaticano II
IM	Inter Mirifica — Concílio Vaticano II
LE	Laborem Exercens — João Paulo II, 1981
LG	Lumem Gentium — Concílio Vaticano II
MC	Marialis Cultus — Paulo VI, 1972
Med.	II Conferência Geral do Episcopado Latino-Americano — Medellín, 1968

MM	Mater et Magistra — João XXIII, 1961
P	III Conferência Geral do Episcopado Latino-Americano — Puebla, 1979
PO	Presbiterorum Ordinis — Concílio Vaticano II
RH	Redemptor Hominis — João Paulo II, 1979
SC	Sacrosanctum Concilium — Concílio Vaticano II
SCEC	Sagrada Congregação para a Educação Católica

APRESENTAÇÃO

"Catequese Renovada — Orientações e Conteúdo" é um documento aprovado pelo episcopado brasileiro, na 21ª Assembléia Geral da CNBB, em Itaici (1983) e dedicado, de modo especial, a todos os agentes de catequese da Igreja no Brasil.

Estas orientações catequéticas, inspiradas nos documentos da Igreja (Vaticano II, Medellín, Puebla, Evangelii Nuntiandi e Catechesi Tradendae), querem ser uma resposta aos apelos do papa João Paulo II, na sua visita ao Brasil (1980), quando então nos dizia: "A Catequese é uma urgência. Só posso admirar os pastores zelosos que em suas Igrejas procuram responder concretamente a essa urgência, fazendo da catequese uma prioridade" (Encontro com os Bispos em Fortaleza — 10/07/80).

Percebendo as necessidades pastorais, obedecendo à voz do Papa e depois de ter pedido a colaboração e as sugestões dos agentes de Catequese de todos os níveis, apresentamos agora este documento, enriquecido por três Assembléias Gerais da CNBB (1981, 82 e

83). Esperamos que ele venha ajudar a criar uma unidade de princípios, critérios e temas fundamentais para a Pastoral Catequética no Brasil. Colocamos estas diretrizes catequéticas nas mãos dos catequistas, a quem agradecemos toda a colaboração na educação da fé das nossas comunidades e a quem pedimos que, juntamente com seus pastores, continuem fazendo da Catequese uma prioridade das nossas Igrejas Particulares.

I PARTE

A CATEQUESE E A COMUNIDADE NA HISTÓRIA DA IGREJA

1. Na procura de orientações para uma catequese renovada, é conveniente recordar brevemente como se realizou a catequese no passado e quais as grandes mudanças a serem destacadas em nossa época.

2. Nosso objetivo neste capítulo não é fazer uma história exaustiva da Catequese, mas destacar apenas algumas de suas linhas fundamentais.

3. Ao descrever estas linhas fundamentais, veremos como, em cada fase, determinado aspecto sobressai aos demais. Por isso, a História nos ajuda a revalorizar estes diversos aspectos que, aos poucos, foram compondo o complexo processo da Catequese, que hoje procura levá-los em conta.

1.1. Catequese como iniciação à fé e vida da comunidade

4. Esta primeira fase se estende, aproximadamente, do século I ao século V.

No tempo dos Apóstolos, a vivência fraterna na comunidade, celebrada principalmente na Eucaristia, representava a maneira mais alta de traduzir na vida a mensagem de Cristo Ressuscitado (1Cor 11,17-29).

5. Era na comunidade que se vivia a doutrina dos Apóstolos, seu ensinamento recebido do próprio Cristo que, pouco a pouco, foi sendo formulado nos *"Símbolos da Fé"* (fórmulas condensadas, como o Credo), nas doxologias (aclamações litúrgicas como as que encontramos, por exemplo, em Ef 1,3-14; Rm 1,8; Rm 16,27; 1Cor 1,2-3), e nas orações.

6. Aos poucos foi-se formando uma Catequese prolongada e organizada, que tinha como objetivo levar os convertidos à iniciação na vida cristã. Criou-se assim o catecumenato com seus vários graus, que preparava os candidatos à vivência na comunidade cristã, através da escuta da Palavra, das celebrações e do testemunho. Muitas das obras notáveis em Catequese dos Padres da Igreja surgiram no contexto do catecumenato (cf. CT 12).

7. A Catequese introduzia progressivamente na participação da vida cristã dentro da comunidade. Animada pela fé, sustentada pela esperança, exercida através da caridade fraterna, a própria vida da comunidade fazia parte do conteúdo da Catequese. Esta, por sua vez, era o instrumento a serviço de uma entrada consciente na comunidade de fé e da perseverança nela. Catequese e comunidade caminhavam juntas.

1.2. Catequese como processo de imersão na cristandade

8. No período que vai mais ou menos do século V ao século XVI, pode-se dizer que a Catequese já não consistia tanto numa iniciação à comunidade de fé,

como verificamos na fase anterior. É que a sociedade inteira, em todos os seus aspectos, se considerava animada pela religião cristã, a ponto de se estabelecer uma aliança entre o poder civil e o poder eclesiástico. Foi o que se chamou de *cristandade.*

9. A Catequese se fazia, então, por um processo de imersão nessa cristandade.

Sem esquecer a influência da família, das escolas episcopais e monacais e da pregação, convém ressaltar que a educação da fé se realizava pela participação numa vida social, profissional e artística marcada pelo religioso, num ambiente cristão presente na sociedade inteira.

1.3. Catequese como instrução

10. A partir do século XVI, a catequese passou, conforme as exigências do tempo, a realizar-se prevalentemente por um processo que valorizava mais a aprendizagem individual, na qual já não era tão marcante a ligação com a comunidade.

11. Vários fatores concorreram para que a Catequese se concentrasse no aspecto da instrução. Salientamos entre outros:

a) *a preocupação com a clareza e a exatidão das formulações doutrinais,* em face das divisões no meio dos cristãos, no tempo da reforma protestante;

12. b) *a descoberta da imprensa e a difusão das escolas,* que concentram a Catequese nos textos para o ensino, isto é, nos catecismos. Após as primeiras tentati-

vas católicas, inclusive latino-americanas, Lutero publicou seu catecismo em 1529. Entre 1550 e 1600 apareceram os grandes catecismos inspirados no Concílio de Trento, como o de São Pedro Canísio, em 1555, e o de São Carlos Borromeu, em 1566, e o de São Roberto Bellarmino, em 1597. O valor sempre inspirador dos catecismos, numa época de confusão doutrinal, foi o de apresentar de maneira clara e pedagógica o conjunto dos principais mistérios da fé cristã (cf. CT 13);

13. c) *a influência do iluminismo:* segundo este movimento cultural, a inteligência humana, devidamente instruída, é capaz de encontrar sozinha a solução de todos os problemas da humanidade.

1.4. Catequese como educação permanente para a comunhão e participação na comunidade de fé

14. 1.4.1. *No século XX* foi-se redescobrindo na Catequese a importância fundamental da iniciação cristã e do lugar primordial que nela cabe à comunidade de fé.

Tal tendência foi gradativamente reforçada por vários elementos:

15. a) *os resultados dos movimentos bíblicos, patrístico, litúrgico e querigmático* que, na evangelização, contribuíram respectivamente para a revalorização da Bíblia, da Liturgia e do anúncio de Jesus Cristo;

16. b) *as descobertas da psicologia, da pedagogia e de outras ciências humanas,* descobertas essas aplicadas aos processos catequéticos;

17. c) mais recentemente, *a renovação inspirada no Concílio Vaticano II* (1962-65), explicitada no Diretório Catequético Geral (1971) e animada pelos Sínodos sobre a Evangelização (1974) e sobre a Catequese (1977). Fruto desses dois Sínodos são as exortações apostólicas *Evangelii Nuntiandi* (EN) de Paulo VI, sobre a Evangelização no mundo de hoje (1975) e *Catechesi Tradendae* (CT) de João Paulo II, sobre a Catequese hoje (1979);

18. d) *as transformações no próprio mundo* pelo progresso tecnológico-científico, explosão demográfica, urbanização, e pela secularização, fruto do positivismo e do tecnicismo.

Esta sociedade, marcada pela massificação, anonimato, impacto dos meios de comunicação de massa, consumismo, libertinagem moral, violência coletiva e desigualdades sociais chocantes, exige, de modo novo e radical, a segurança da pessoa no abrigo de uma comunidade menor, onde possam ser vividos os valores do relacionamento interpessoal.

19. Esta sociedade, marcada também pelos ateísmos práticos e teórico-militantes, por diversos tipos de neopaganismo, pelas formas fanáticas e sectárias de religiosidade de origem recente e pelo indiferentismo religioso, precisará também de um tipo de Catequese que, além de uma sólida fundamentação da fé, seja capaz de ajudar o cristão a converter-se e a comprometer-se no seio de uma comunidade cristã para a transformação do mundo.

20. 1.4.2. *Na América Latina,* a 2ª Conferência Episcopal realizada em Medellín (1968), percebeu esta nova necessidade e, aplicando os ensinamentos do Concílio Vaticano II à nossa realidade continental, redirecionou a catequese para o compromisso libertador nas situações concretas. À luz do documento final de Medellín, confirmado mais tarde pela *Evangelii Nuntiandi* e pela Conferência de Puebla (cf. P 978-986), a Catequese na América Latina vem procurando realizar-se em estreita ligação com a realidade da vida, para a construção de comunidades de fé. Neste sentido vem levando os catequistas a caminharem com os mais pobres e oprimidos e a partilharem as suas angústias, lutas e esperanças.

21. 1.4.3. No século XX, também *no Brasil,* o movimento catequético foi impulsionado pela ação do Papa São Pio X e sua encíclica sobre a catequese, intitulada "Acerbo Nimis" (1905). Também nesta época surgiu o Catecismo dos Bispos das Províncias Meridionais do Brasil, que teve inúmeras edições. Varias gerações de cristãos foram instruídas e educadas na fé por este catecismo.

Num notável esforço de renovação nestas últimas décadas, a Catequese no Brasil passou por diversas fases onde, sucessivamente, os acentos e as preocupações recaíam sobre o conteúdo, método, sujeito e, mais recentemente, sobre o objetivo da catequese.

Já desde os anos 40, diversos pioneiros se dedicaram ao trabalho de sistematização e adaptação da Catequese às novas exigências.

22. É o caso, entre outros, de Mons. Álvaro Negromonte, que criou e difundiu no Brasil o chamado

"Método integral" de Catequese, o qual se propunha como objetivo formar o cristão "íntegro, firme na fé, forte no amor e pleno de esperança".

23. É o caso também dos que trabalharam, nas décadas de 50 e 60, nos secretariados nacionais e regionais de catequese e nos "Institutos de Pastoral Catequética", que daí surgiram depois do Concílio Vaticano II nos diversos níveis. Os Institutos prestaram relevante serviço no que tange à formação dos quadros dirigentes da catequese.

24. Houve, em todo este último período, um grande esforço de integrar a catequese no conjunto da renovação pastoral, a fim de pôr em prática os princípios e normas do Concílio, repetidamente inculcados pelos Papas e pelos Sínodos, adaptados à situação latino-americana em Medellín e Puebla e à nossa situação brasileira pelas orientações e diretrizes gerais da CNBB.

25. 1.4.4. Cabe ressaltar, como *características positivas* que vem tomando a nossa catequese:

— uma inserção maior no conjunto de toda a pastoral; esta vem procurando tornar-se cada vez mais uma pastoral orgânica;

— a apresentação de uma nova imagem da pessoa de Jesus Cristo e sua prática, da Igreja, e do homem;

— a consideração da pessoa humana como um todo, com seus direitos e deveres, suas dimensões individual, comunitária e social;

— a luta pela libertação integral do homem, reconhecido como sujeito de sua própria história;

— o relevo dado às comunidades eclesiais de base e à opção preferencial pelos pobres;

— a preocupação por um ensino sistemático dos conteúdos da fé, através de um roteiro nacional.

26. Ao lado dessas aquisições, porém, cabe não perder de vista as *deficiências* que a catequese no Brasil continua mostrando:

— ainda não atinge permanentemente a todos os cristãos, especialmente os jovens e adultos, os universitários, o operariado nos grandes centros e as elites intelectuais;

— às vezes, fica em dualismos e falsas oposições, como entre a catequese sacramental e catequese vivencial, entre catequese doutrinal e catequese situacional;

— publicações catequéticas fracas e às vezes questionáveis do ponto de vista doutrinal e metodológico;

— em certos lugares, a catequese ainda continua a merecer maior atenção de nossa parte, de sacerdotes, de seminaristas, de religiosos, e também não encontra apoio suficiente nas famílias;

— um ensino religioso muitas vezes fragmentário e pouco eficaz em diversos Estados.

27. É compreensível que cada um, num processo complexo como é o da catequese, acabe por favorecer um ou mais elementos integrantes do processo, em detrimento de outro. Daí o surgimento de *diversos tipos* de catequese e uma rica variedade de textos e manuais que sublinham, às vezes, a instrução nas verdades; outras, a experiência vital individual ou comunitária, os

métodos de uma sã pedagogia e a devida atenção à pessoa do educando. Em alguns sobressai o aspecto da inserção na comunidade de fé; noutros, a adesão à caminhada do povo na busca de sua libertação e o impacto transformador nas estruturas sociais.

28. Cada uma das múltiplas tendências existentes em nossas Igrejas locais tem seus aspectos positivos e suas limitações. O processo que procura integrar os diversos elementos válidos das diferentes tendências parece-nos como o mais correspondente aos objetivos finais da Catequese e como o mais fiel às diretrizes da Igreja desde o Vaticano II.

29. Tal processo procurará unir: fé e vida (cf. Cân 773); dimensão pessoal e comunitária; instrução doutrinária e educação integral; conversão a Deus e atuação transformadora da realidade; celebração dos mistérios e caminhada com o povo.

Procuramos, nestas Orientações, perceber os fundamentos e as conseqüências práticas de uma Catequese que procura renovar-se diante das novas situações.

II PARTE

PRINCÍPIOS PARA UMA CATEQUESE RENOVADA

30. A renovação atual da Catequese nasceu para responder aos desafios de uma nova situação histórica. Esta exige a formação de uma comunidade cristã missionária que anuncie, na sua autenticidade, o Evangelho e o torne fermento de "comunhão e participação" na sociedade e de libertação integral do homem.

Para realizar esse objetivo, a Catequese precisa de sólido fundamento. Ele só pode ser procurado na própria Palavra, pela qual Deus revela sua vontade de comunhão plena com os homens.

31. No Novo Testamento, o termo "Catequese" significa dar uma instrução a respeito da fé. Em sua origem, o termo se liga a um verbo que significa "fazer ecoar" (Kat-ekhéo). A Catequese, de fato, tem por objetivo último fazer escutar e repercutir a Palavra de Deus.

32. O que é "Palavra de Deus"? O que significa "Revelação"? Que relação tem isso com a Catequese? São questões fundamentais, que serão aprofundadas no capítulo I. O capítulo II tratará das exigências da catequese.

2.1. Revelação e Catequese

2.1.1. A linguagem da comunicação de Deus

33. "Deus, em sua bondade e sabedoria, quis revelar-se a si mesmo... Deus fala aos homens como a amigos e com eles conversa...". Assim o Concílio Vaticano II (DV 2) expressa a convicção sobre a qual a Igreja e todo cristão edificam a sua fé. Mas, *como* Deus fala?

34. A principal forma de comunicação humana é a *palavra*. Mas, há outras linguagens com que os homens podem comunicar-se. Muitas vezes, um gesto diz mais que muitas palavras. Também *gestos e fatos* podem constituir uma linguagem.

35. Deus, para se comunicar com os homens, adotou essas duas linguagens que se completam mutuamente: a das palavras e a dos gestos ou acontecimentos (cf. ainda DV 2).*

2.1.2. Deus quer comunicar-se a si mesmo e formar o seu povo

36. Além da linguagem, é necessário entender outros aspectos dessa comunicação entre Deus e o homem: 1) *o que* Deus quer comunicar; 2) *a quem* se dirige; 3) que *obstáculos* encontra.

---

* O nosso texto se baseia sobre a constituição "Dei Verbum" do Vaticano II (citada com a abreviatura: DV). Não é possível aqui retomar todo o texto da DV. Aconselhamos, porém, aos catequistas seu estudo, com a ajuda de pessoa competente.

37. 1º — Deus não quis e não quer comunicar aos homens apenas alguma verdade ou alguma lei. Ele quer comunicar a si mesmo, sua presença, seu amor (cf. DV 2 e também DV 6).

38. 2º — Deus não quer fazer isso separando as pessoas, mas unindo-as. Deus quis "santificar e salvar os homens não isoladamente, sem nenhuma conexão uns com os outros, mas constituí-los num povo, que o conhecesse e o servisse santamente" (cf. LG 9). Mesmo quando Deus se revela através de um profeta, é sempre ao povo que se dirige; e é sempre numa ligação vital com a comunidade que a pessoa é chamada e chega à fé em Deus.

39. 3º — Entre o homem e Deus há uma distância incomensurável, não só pelo desnível natural entre a grandeza infinita de Deus e a fragilidade da condição humana, mas também pelo pecado, que é uma recusa da comunicação com Deus, uma recusa do Amor. Uma vez que o homem não pode chegar sozinho ao pleno conhecimento de Deus, é necessário que o próprio Deus tome a iniciativa de se "revelar", de remover as barreiras entre ele e nós, deixando de ser um "Deus escondido" para nos mostrar o seu rosto, quem ele é.

2.1.3. A "pedagogia" de Deus

40. Compreende-se agora que a revelação de Deus é mais um *processo,* uma caminhada, do que um *ato* realizado imediatamente e de uma vez.

41. Isto acontece, não porque Deus não quer comunicar-se logo e por inteiro. Deus É comunicação,

Deus É amor. Deus está sempre perto de nós. Mas somos nós que nos afastamos dele. Somos nós que precisamos desse processo lento e permanente da Revelação, porque seres históricos, em construção.

42. Em outras palavras, a humanidade não está preparada para acolher a Deus plenamente. Muitos obstáculos a separam dele. Muitos pecados a desviaram.

43. Deus, então, ele mesmo procura guiar a humanidade de volta. Procura orientá-la, aproximá-la de si. Torna-se para seu povo como um pai ou uma mãe que ensina à criança os caminhos da vida. Torna-se um mestre ou educador, que ensina aos alunos caminhos mais adiantados em busca da verdade e da felicidade. "Como um pai educa seu filho, assim Deus educa seu povo" (Dt 8,5).

44. Por isso, pode-se falar em "pedagogia de Deus" (cf. DV 15), para indicar a forma com que Deus se revelou na história da humanidade, gradativamente, por etapas.

2.1.4. A história da Revelação

45. A revelação de Deus foi conservada, de início, por uma tradição oral contada "de pai para filho" (cf. Dt 4,10; 11,19), de boca em boca. Depois foi posta por escrito na *Bíblia*.

46. A Bíblia usa raramente a palavra "revelação". Tampouco faz teorias sobre ela. Conta, sobretudo, fatos. Alguns desses fatos podem ajudar-nos a compre-

ender como se dá a "revelação". São principalmente fatos que apresentam o encontro de Deus com o seu povo ou com um profeta.

47. Tomemos um exemplo: a revelação de Deus a Moisés (Ex 3,1-15). Deus atrai Moisés com um sinal: a sarça ardente. E a Moisés comunica duas coisas: o seu Nome e a vontade de libertar os "filhos de Israel". Reparemos bem: De um lado, Deus se apresenta como Deus dos pais, dos antepassados de Moisés, o Deus que Moisés já conhece e adora. Até aí, nada de novo. De outro lado, Deus revela algo *novo* que Moisés e seu povo não conheciam: o nome *Javé* (que significa "Aquele que sou" ou "Aquele que estou convosco") e a *vontade* de libertá-los.

48. Nos encontros de Deus com o seu povo e seus profetas, é possível reconhecer essa "estrutura" da Revelação: Deus fala partindo de algo que os homens já conhecem, que pertence à experiência deles, e procura levá-los a descobrir e compreender algo *novo* do seu ser, do seu amor, da sua vontade. Ou ainda: Deus ilumina o seu povo e seus profetas para que compreendam o *sentido* da história que estão vivendo, dos acontecimentos que Deus quis ou permitiu.

49. Muitas vezes, o acontecimento é tão importante que ilumina com luz nova todo o passado e leva a uma nova e mais profunda compreensão do plano de Deus. É o que aconteceu com a experiência da "aliança". À luz dela, foi interpretada toda a história da salvação: a criação (cf. Is 40,25-28; 44,24; etc.), Noé (Gn 6,19; 9,9), Abraão (Gn 17,2), Moisés (Ex 19,5; 24,7), Davi

(2Sm 23,5). A fé de Israel se expressa através da evocação da história (Dt 6,20-23; 26,5-9).

A luz definitiva sobre a história da Revelação vem de Jesus, que revela enfim toda a amplitude do amor de Deus.

2.1.5. A plenitude da Revelação: Jesus Cristo

50. A expressão mais alta, absolutamente única e definitiva da comunicação de Deus à humanidade, é Jesus, o Cristo (cf. DV 4). Nele, Deus não se limita a manifestar algo de seu Amor. Deus se dá a si mesmo. Jesus é a encarnação, na natureza humana, do Verbo. É a própria "Palavra de Deus" feita carne (Jo 1,14).

51. Jesus Cristo se torna assim, para os homens de todos os tempos, "caminho, verdade e vida" (Jo 14,6). Só por ele se vai ao Pai. Ele é a plenitude da Revelação. Por isso, depois de Jesus, já não esperamos novas revelações. É importante, porém, observar *como* Jesus revela o Pai. De novo encontramos a presença de acontecimentos e palavras estritamente unidos. Sua encarnação, sua vida terrena, especialmente sua morte e ressurreição são fatos em que a fé reconhece Deus que se revela e se comunica. O sentido desses fatos se torna acessível a nós pelas próprias palavras de Jesus, que compreendemos com a ajuda do Espírito Santo e da Igreja.

52. Para a Catequese, é ainda importante reparar que Jesus, na sua "pedagogia", para levar seus ouvintes à plenitude da fé, não despreza a história anterior

da Revelação, o Antigo Testamento, e também recorre às situações de vida e à experiência das pessoas, educando-as para que reconheçam nelas os apelos de Deus.

2.1.6. Cristo se comunica pelo Espírito Santo

53. Jesus é a plenitude da Revelação de Deus. Neste sentido, Deus não tem mais nada a revelar de si mesmo (cf. DV 4). Tudo o que é do Pai foi comunicado a Jesus, e Jesus o comunicou a seus discípulos e apóstolos (Jo 15,15; cf. também DV 7). Revelou os "mistérios" — quer dizer, a intimidade de Deus, o que até então estava escondido — "não aos sábios e entendidos, mas aos simples" (Mt 11,25).

54. Mas Jesus, exatamente porque nele habita a "plenitude de Deus" e só nele se encontra a salvação, deve tornar-se de alguma forma contemporâneo e companheiro de todos os homens. É esta a tarefa que se realiza através do "Espírito de Jesus", o Espírito Santo que atua na Igreja. Neste sentido, pode-se dizer, com o Concílio Vaticano II, que Deus continua mantendo "permanente diálogo" com a comunidade cristã (cf. DV 8c) e que o Espírito Santo faz ressoar na Igreja e no mundo "a voz viva do Evangelho", conduzindo os fiéis para a plenitude da verdade (Jo 16,13).

55. Como o Novo Testamento afirma repetidas vezes, a experiência do Espírito na comunidade cristã é inseparável da memória de Jesus (cf. Jo 14,26; 15,26; 16,13-14; At 2,17-36; 1Cor 2,1-16; 12,3; 2Cor 3,3; etc.). Mas a ação do Espírito não está somente voltada para o passado. Ela quer "conduzir a vida e fazer crescer a

fé do Povo de Deus" (DV 8a). Ela se volta também para o futuro, para a plenitude da verdade, fazendo progredir a compreensão "tanto das realidades como das palavras" confiadas à Igreja.

56. O Espírito não age só, livre e misteriosamente, como o vento da noite, que não se sabe "de onde vem e para onde vai" (Jo 3,8). Ele, para manter "inalterado e vivo" o Evangelho, suscitou e conserva na Igreja a Tradição, a Escritura e o Magistério (cf. DV 7-10).

2.1.7. Tradição, Escritura e Magistério

57. O que Jesus deixou foi, antes de tudo, uma comunidade viva, a Igreja. Aquela comunidade que Paulo, escrevendo aos Coríntios, define como "uma carta de Cristo, entregue aos cuidados do nosso ministério, escrita não com tinta, mas com o Espírito do Deus vivo, não em tábuas de pedra, mas em tábuas de carne, nos corações!" (2Cor 3,3).

58. Nesta comunidade se conservam as palavras de Jesus, os sacramentos, a oração que ele ensinou, a liturgia que se vai enriquecendo aos poucos com as expressões das várias culturas, as diversas manifestações da fé e da caridade cristã, que originam diferentes modelos de santidade, espiritualidade, transformação cristã da civilização e da cultura (cf. DV 8).

59. Pode-se falar em *tradição* na medida em que a comunidade cristã une dois aspectos: 1) de um lado, ela se mantém fiel à sua *origem,* ao que recebeu de Cristo e dos Apóstolos; e, 2) simultaneamente *progride*

na compreensão da doutrina, na vivência da caridade e na edificação da sociedade, mantendo vivo e eficaz o Evangelho.

60. A Tradição Apostólica abrange "todas aquelas coisas que contribuem para santamente conduzir a vida e fazer crescer a fé do Povo de Deus". E é chamada "tradição", porque transmite e perpetua a todas as gerações "tudo o que a Igreja é, tudo o que crê" (DV 8a).

61. Um lugar único ocupa, dentro da Tradição, a Sagrada Escritura. Nas comunidades cristãs primitivas, fundadas pelos Apóstolos, o Espírito Santo inspirou aqueles escritos que nós conhecemos como o "Novo Testamento". Neles a Igreja reconheceu, junto com os livros do povo de Israel, o "Antigo Testamento", o testemunho autêntico da Revelação divina. Reconhecendo que a Sagrada Escritura é "a Palavra de Deus redigida sob a moção do Espírito Santo" (DV 9), a Igreja a venera e a escolhe, junto com a Tradição como suprema regra de sua fé (DV 21). Tradição e Escritura devem ser consideradas como um todo, pois ambas procedem de Deus e têm como finalidade a comunhão dos homens com ele.

62. Conservar a Tradição e a Escritura, através da vivência e do testemunho da fé, é tarefa dos pastores e fiéis. A interpretação autêntica da Tradição ou da Escritura, porém, está confiada ao Magistério da Igreja. O Magistério está, assim, a serviço da Palavra de Deus: da Tradição e da Escritura tira o que propõe para ser crido como divinamente revelado (cf. DV 10).

2.1.8. Fé e Comunidade Missionária

63. Na comunidade da Igreja, a Palavra de Deus está viva hoje. Deus, fiel às suas promessas, continua convidando os homens à comunhão com ele.

64. Acolher a Palavra, aceitar Deus na própria vida, é dom da *fé*. Ele exige, porém, certas condições por parte do homem. Elas podem ser resumidas com duas palavras evangélicas: *conversão* e *seguimento*. A fé é como uma caminhada. Mais exatamente: é seguir o caminho de Jesus. O que os discípulos fizeram pelos caminhos da Galiléia e da Judéia até a Cruz, acompanhando fisicamente Jesus e comungando sempre mais de sua vida e de seu ideal, deve ser refeito hoje, em nosso meio. É o programa que nos propõem os Evangelhos. Eles foram escritos, não apenas para recordar o itinerário terreno de Jesus, mas para fazer dele o roteiro ideal da caminhada de todo discípulo. É evidente, nisso, que a fé não é só uma adesão intelectual, um conhecimento da doutrina de Jesus. Ela é uma opção de vida, uma adesão de toda a pessoa humana a Cristo, a Deus e a seu projeto para o mundo.

65. A aceitação e o seguimento de Jesus são uma *opção* profundamente *pessoal*. Ao mesmo tempo, porque a pessoa se realiza no relacionamento e no amor, o seguimento realiza-se na *comunidade fraterna*. Seguir a Jesus é juntar-se, fraternalmente, aos outros discípulos. Assim a fé, nascida na comunidade da Igreja, renova permanentemente a própria comunidade a partir da sua raiz profunda, a comunhão com Deus, e gera novas comunidades eclesiais.

66. As comunidades dos discípulos de Jesus não estão a serviço de si próprias, mas dos outros. A fé cristã é, intrinsecamente, *missionária* (cf. Mt 28,19ss). Quem crê não pode deixar de testemunhar sua fé. Quem foi escolhido, recebe um encargo, uma missão. A missão fundamental é pregar o próprio Evangelho, anunciar Jesus, revelar o amor do Pai pela humanidade. Mas o próprio amor de Deus exige o amor fraterno, a comunhão e participação nesta terra, o empenho na libertação do homem (cf. Puebla 327).

67. A comunidade cristã, animada pela fé, sente necessidade de celebrar todos os aspectos da existência cristã através da *liturgia,* especialmente na celebração eucarística, onde adquirem uma outra dimensão, ou manifestam mais claramente uma dimensão profunda da fé: a *adoração,* a entrega ao Pai, em comunhão com o seu Filho e nosso Salvador Jesus Cristo, pelo Espírito Santo.

2.1.9. Experiência humana e Revelação

68. Uma última questão, muito importante, merece nossa atenção. Há um modo de pensar a Revelação divina que a representa como se fosse totalmente externa ao homem.

69. Basta refletir um pouco para perceber as falhas desse ponto de vista.

Antes de tudo, não devemos esquecer que o Deus que se revela é o próprio Deus criador. Em segundo lugar, é ele que suscita em nosso coração aquela inquietação que nos leva a procurá-lo. E ainda, como vimos, é uma linguagem acessível que ele nos fala. Este diálogo estimula a nossa reflexão e a nossa participação; em suma, a nossa liberdade. Por isso se pode e se deve acentuar a "unidade profunda" entre as aspirações do homem e o plano de Deus, como explicam os Bispos latino-americanos no documento de Medellín sobre Catequese:

70. "Ao apresentar sua mensagem renovada, a Catequese deve manifestar a unidade do plano de Deus. Sem cair em confusões ou em identificações simplistas, deve-se manifestar sempre a unidade profunda que existe entre o projeto salvífico de Deus realizado em Cristo e as aspirações do homem; entre a história da salvação e a história humana; entre a Igreja, Povo de Deus, e as comunidades temporais; entre a ação reveladora de Deus e a experiência do homem; entre os dons e carismas sobrenaturais e os valores humanos. Excluindo, assim, toda dicotomia ou dualismo não cristão, a Catequese prepara a realização progressiva do Povo de Deus" (Medellín Cat. 4; DCG 8).

2.1.10. Ministério da Palavra e Catequese

71. Onde se situa a catequese em face da Revelação? Convém agora retomar esta pergunta e concluir.

Vimos que a *Palavra de Deus está viva* e atuante hoje na comunidade eclesial. Em outras palavras: Deus continua a falar aos homens em Cristo, pelo Espírito. É ele que fala, que se comunica. Mas através de mediações.

72. Deus se serve de palavras e de acontecimentos, mas também da atuação viva das pessoas. Essa atuação só pode ser subordinada ao próprio Deus; só pode ser serviço ou *ministério*. A Catequese faz parte do ministério da Palavra. Ela é, por isso, um aspecto ou "momento" da evangelização. Podemos defini-la, com o Sínodo dos Bispos de 1977 e Puebla (cf. nº 977), como a "educação ordenada e progressiva da fé". A *"Catechesi Tradendae"* fala de uma "educação da fé das crianças, dos jovens e dos adultos, a qual compreende especialmente um ensino da doutrina cristã, dado em geral de maneira orgânica e sistemática, com o fim de os iniciar na plenitude da vida cristã" (nº 18). E sublinha a relação da Catequese com outros aspectos da pastoral da Igreja: primeira evangelização, apologética, vida cristã, celebração dos Sacramentos, integração na comunidade, testemunho apostólico...

73. As diversas maneiras de conceber e praticar a Catequese estão ligadas não só às circunstâncias históricas (como mostramos na I parte deste documento), mas também e especialmente a diversos modos de pensar na relação com a Revelação. A Conferência de Medellín preconizava uma fidelidade "dinâmica" à Revelação e afirmava: "De acordo com esta teologia da Revelação, a Catequese atual deve assumir totalmente as angústias e esperanças do homem de hoje, para oferecer-lhe as possibilidades de uma libertação plena, as riquezas de uma salvação integral em Cristo, o Senhor. Por isso deve ser fiel à transmissão, não somente da mensagem bíblica em seu conteúdo intelectual, mas também da sua realidade vital encarnada nos fatos da vida do homem de hoje.

74. As situações históricas e as aspirações autenticamente humanas são parte indispensável do conteúdo da Catequese. E devem ser interpretadas seriamente, dentro de seu contexto atual, à luz das experiências vivenciais do povo de Israel, de Cristo e da comunidade eclesial, na qual o Espírito de Cristo ressuscitado vive e opera continuamente" (Medellín, Cat. 6).

75. As conseqüências ou exigências, que para a Catequese decorrem da Revelação divina, serão agora objeto de exame e exposição no próximo capítulo.

2.2. Exigências da Catequese

76. Como se deve realizar a Catequese para alcançar seus objetivos? Como a Catequese pode levar os cristãos — crianças, jovens e adultos — a acolher a Palavra de Deus e a fazer dela a luz que orienta a sua vida?

77. A questão pode ser abordada em diversos níveis e sob diversos enfoques. Neste capítulo, vamos apresentá-la no nível dos princípios ou critérios básicos. O nível da prática será tratado na IV parte deste documento. Quanto aos enfoques, achamos oportuno considerar vários (fontes, critérios, dimensões etc.), mas sem dar a todos a mesma atenção e o mesmo desenvolvimento.

2.2.1. Fidelidade a Deus e ao homem

78. A exigência primeira e fundamental da Catequese é a *fidelidade ao plano de Deus*.

Essa fidelidade é, antes de tudo, *fidelidade ao Deus que se revela* (CT 52). E, por isso mesmo, é fidelidade ao movimento, pelo qual Deus entra na história dos homens e nela se encarna, pelo seu Filho. Daí decorre que a Catequese "é chamada a levar a força do Evangelho ao coração da cultura e das culturas" (CT 53), isto é, não somente a encarná-la na história pessoal de cada homem, mas também na própria história da humanidade.

79. *Fidelidade a Deus e ao homem,* portanto. Não como sendo duas preocupações diferentes, mas como uma única atitude espiritual. "A lei da fidelidade a Deus e da fidelidade ao homem: uma única atitude de amor" (CT 55).

O papel da mediação entre Deus, que se revela em Cristo, e o homem, cabe à Igreja. Por isso Puebla explicita a lei da fidelidade em: fidelidade a *Jesus Cristo,* à *Igreja,* ao *Homem.* (Essa temática será desenvolvida na III parte deste documento).

80. Insistimos sobre a necessidade de considerar os três temas, não como separados ou estanques, mas como mutuamente implicados um no outro. Cristo ilumina o mistério do Homem; a Igreja só se entende como caminho da realização do Homem em Cristo. Não há fidelidade a um, sem fidelidade aos outros.

81. Isto será mais explicitado nos enfoques seguintes, que dizem respeito principalmente ao *conteúdo*

da Catequese. Em sintonia com o interesse dos últimos Papas e das grandes Assembléias Episcopais (Concílio, Sínodos de 1974 e 1977, Medellín, Puebla), a nossa preocupação se dirige principalmente à integridade e à autenticidade evangélica do *conteúdo* formulado como resposta aos anseios dos homens de hoje.

2.2.2. Fidelidade às fontes

82. Fidelidade à Revelação significa, para a Catequese, encontrar nela a sua fonte. É às águas da Revelação divina que a Catequese conduz os homens, para aplacarem sua sede de verdade e de vida.

83. A Revelação divina chega até nós através da Sagrada Escritura, dentro da Tradição viva da Igreja, recebida dos Apóstolos. A Tradição Apostólica compreende, como afirma o Concílio, "todas aquelas coisas que contribuem para santamente conduzir a vida e fazer crescer a fé do Povo de Deus. Assim, em sua doutrina, vida e culto, a Igreja perpetua e transmite a todas as gerações tudo o que ela é e tudo o que crê" (DV 8).

84. A Catequese, portanto, deve haurir seu conteúdo na única fonte da Revelação divina, utilizando sabiamente a Sagrada Escritura e todos os outros testemunhos da Tradição viva da Igreja, que fazem chegar até nós as águas vivificantes da Revelação. Aqui fixamos alguns princípios que orientam no uso desses testemunhos (ou "fontes" da Catequese) (cf. CT nº 26-34. DCG nº 45).

85. 1º — Um lugar proeminente e uma atenção especial devem ser dados à *Sagrada Escritura,* conforme recomenda repetidas vezes o Concílio Vaticano II (cf. DV 21, 24, 25; SC 24; PO 4). "Na palavra da Escritura encontra alimento são e vigor santo... a Catequese" (DV 24).

86. 2º — Não se trata simplesmente de tirar da Sagrada Escritura e da Tradição *elementos* fragmentários, a serem inseridos numa Catequese de orientação diferente, mas de respeitar a *natureza* e o *espírito* da Revelação bíblica. "Falar da Tradição e da Escritura como fonte da Catequese é já acentuar que esta tem de ser impregnada e penetrada pelo pensamento, pelo espírito e pelas atitudes bíblicas e evangélicas, mediante um contato assíduo com os próprios textos sagrados; e é também recordar que a Catequese será tanto mais rica e eficaz quanto mais ela ler os textos com a inteligência e o coração da Igreja, e quanto mais ela se inspirar na reflexão e na vida duas vezes milenária da mesma Igreja" (CT 27; cf. DV 12).

87. 3º — A Catequese tem, entre suas tarefas fundamentais, a "entrega do Evangelho" *(traditio Evangelii).* Ela deve abrir ao catequizando o livro da Sagrada Escritura, que tem por centro o Evangelho. Assim, "a Catequese é a verdadeira introdução à leitura da Escritura", de que falaram os Bispos no Sínodo de 1977 em sua "Mensagem ao Povo de Deus" (nº 9).

88. Para isso, todo roteiro catequético deverá incluir estímulos e orientações com vista a uma leitura da Bíblia, segundo um plano adequado à idade e às condições culturais do leitor. O plano deve favorecer uma

leitura interessante, viva, com acesso direto aos textos, ajudando a compreensão da mensagem, assim como o Magistério da Igreja a interpreta (cf. DV 10b).

89. 4º — A iniciação à leitura da Bíblia, na Catequese, deve levar não só ao contato com a Palavra de Deus na leitura pessoal ou grupal da Escritura, mas principalmente à compreensão da Palavra proclamada e meditada na *Liturgia*. Não só pela riqueza de seu conteúdo bíblico, mas pela sua natureza de síntese e cume de toda a vida cristã, a Liturgia é fonte inesgotável de Catequese. Nela se encontram a ação santificadora de Deus e a expressão orante da fé da comunidade. As celebrações litúrgicas, com a riqueza de suas palavras e ações, mensagens e sinais, podem ser consideradas como uma "Catequese em ato". Mas, por sua vez, para serem bem compreendidas e participadas, as celebrações litúrgicas ou sacramentais exigem uma *Catequese de preparação ou iniciação* (cf. DCG 25; CT 23).

90. Enfim, a Liturgia, com sua peculiar organização do tempo (domingos, períodos litúrgicos como Advento, Natal, Quaresma, Páscoa etc.) pode e deve ser *ocasião privilegiada* de Catequese, abrindo novas perspectivas para o crescimento da fé, através de orações, reflexão, imitação dos santos, e descoberta não só intelectual, mas também sensível e estética dos valores e das expressões da vida cristã.

91. 5º — Uma expressão privilegiada da fé da Igreja, professada desde os Apóstolos, é o *"Credo"* ou "Símbolo Apostólico" (cf. CT 28). Na história da Catequese, a "entrega do Credo" *(traditio Symboli),* seguida pela transmissão da Oração do Senhor (o Pai-Nosso), foi

importante. O *"Credo"* resume o conteúdo da fé que a Igreja quer transmitir. Por isso, constitui "um ponto de referência seguro para o conteúdo da Catequese" (CT 28).

92. Além disso, junto com o Pai-Nosso, a Ave Maria, os Dez Mandamentos e outros textos bíblicos e litúrgicos mais usados, o *"Credo"* constitui uma fórmula indispensável para que o cristão possa expressar sua fé e seu louvor a Deus junto com a comunidade. Ele deve ser memorizado e aprofundado (CT 55).

93. 6º — Deus, porém, continua falando à sua Igreja e, à luz da Escritura e da Tradição, a Igreja se volta atenta para os *"sinais dos tempos"* e as indicações atuais da vontade de Deus. Nessa mesma linha, a Catequese presta uma atenção pedagógica às condições concretas das pessoas e grupos a quem se dirige, e mais do que isso, também alimenta seu conteúdo na história da Igreja, na vida dos santos, no *"sensus fidei"* do povo cristão (cf. LG 12), na religiosidade e devoções populares, mesmo quando precisamos de purificação (CT 54). De um modo especial, a Catequese, em nosso contexto, procura "esclarecer como convém... realidades como a ação do homem para sua libertação integral, o empenho na busca de uma sociedade mais solidária e fraternal e a luta pela justiça e pela construção da Paz" (CT 29; cf. EN 30-38; Medellín, Cat. 6).

Podemos resumir tudo isso com as palavras da "Mensagem ao Povo de Deus", do Sínodo sobre a Catequese (1977): "Para qualquer forma de Catequese se realizar na sua integridade, é necessário estarem indissoluvelmente unidos:

— o conhecimento da Palavra de Deus,

— a celebração da fé nos sacramentos,

— e a confissão da fé na vida cotidiana" (nº 11).

2.2.3. Critérios de unidade, organicidade, integridade e adaptação

94. Não basta que o conteúdo da Catequese seja *autêntico,* isto é, que tenha sua origem na Palavra de Deus, que se comunica através da Bíblia, da Liturgia, das diversas expressões da Tradição viva da Igreja, dos "sinais dos tempos" e das situações históricas que vivemos.

É preciso, também, para a solidez da educação da fé e para edificar personalidades e comunidades cristãs maduras, coerentes, que o conteúdo da Catequese seja unitário, orgânico e integral.

95. 1º — A unidade do conteúdo da Catequese se faz ao redor da pessoa de Jesus Cristo. É o CRISTOCENTRISMO da Catequese, procurado com insistência pelo Sínodo dos Bispos de 1977 e tão ricamente ilustrado pelo Papa João Paulo II no capítulo I da *"Catechesi Tradendae"* (nº 5-9).

96. "Cristocentrismo" significa não só que Cristo deve aparecer na Catequese como "a chave, o centro e o fim do homem, bem como de toda a história humana" (GS 10), mas que a adesão à sua pessoa e à sua missão, e não só a um núcleo de verdades, é a referência central de toda a Catequese (cf. EN 22).

97. O Cristocentrismo também exige que, na apresentação de temas ou na vivência de experiências particulares, a Catequese evidencie sua relação com o centro de tudo, Cristo.

98. 2º — Uma segunda exigência é a INTEGRIDADE do conteúdo. A Catequese deve levar o cristão a penetrar plenamente no mistério de Cristo. Por isso procurará apresentar integralmente sua mensagem. Não poderá acontecer de uma vez, mas sim segundo as aptidões das pessoas e as condições do contexto em que vivem. A Catequese parte da apresentação mais simples, porém orgânica e integral da mensagem cristã... Mas não se detém aí. O conteúdo há de ser desenvolvido de forma sempre mais ampla e explícita" (cf. DCG 38).

99. O Papa defende com vigor a integridade da mensagem como um direito dos fiéis: "Aqueles que se tornam discípulos de Cristo têm o direito de receber a 'Palavra da fé' não mutilada, falsificada ou diminuída, mas sim plena e integral, com todo o seu rigor e com todo o seu vigor. Atraiçoar em qualquer ponto a integridade da mensagem é esvaziar perigosamente a própria Catequese e comprometer os frutos que Cristo e a comunidade eclesial têm o direito de esperar dela" (CT 30).

100. 3º — Outra exigência, que explicita e complementa as duas primeiras, é a da HIERARQUIA DAS VERDADES. Na formulação de sua mensagem, a Igreja sempre reconheceu a prioridade de algumas: "Isto não significa que algumas verdades pertençam à fé menos que outras, mas que algumas verdades se fundam sobre outras mais importantes, e são por elas ilumi-

nadas" (DCG 43). Também a Catequese deve levar em conta esta hierarquia: "A integridade não dispensa do equilíbrio, nem do caráter orgânico e hierarquizado, graças aos quais se poderá dar às verdades a ensinar, às normas a transmitir e aos caminhos da vida cristã a indicar, a importância que respectivamente lhes compete" (CT 31).

101. 4º — Pode-se também falar de ADAPTAÇÃO do conteúdo. Embora o critério da ADAPTAÇÃO deva ser aplicado, antes de tudo, à linguagem e ao método da Catequese, também o CONTEÚDO pode necessitar de ADAPTAÇÃO, inclusive por sua estreita conexão com o método. ADAPTAÇÃO significa levar em conta as condições históricas e culturais dos catequizandos. A integridade do conteúdo pode e deve ser comunicada numa *linguagem* adequada aos homens de hoje: "Pois, uma coisa é o depósito ou as verdades da fé, outra é a maneira com que são enunciadas, embora o significado e o sentido profundo permaneçam os mesmos" (GS 62). Mais do que isso: a Catequese deve levar em conta a experiência e os problemas, a situação histórica dos homens a que se dirige: "As situações históricas e as aspirações autenticamente humanas são parte indispensável do conteúdo da Catequese" (Medellín, Cat. 6; cf. também CT 29). É esta uma exigência intrínseca da Revelação do "Deus conosco", presente em nossa história.

102. A ADAPTAÇÃO pode exigir uma escolha ou acentuação de determinados elementos. Essa escolha será válida — lembra o Papa — "na medida em que, longe de ser ditada por teorias ou preconceitos mais ou

menos subjetivos e marcados por uma determinada ideologia, for inspirada pela humilde preocupação de coligir um conteúdo que deve permanecer intacto" (CT 31).

2.2.4. Dimensões da Catequese

103. A Catequese pode ser vista, também, sob outro enfoque: o das *dimensões*.

Assim podemos nos interrogar se a Catequese reflete as dimensões da história da salvação, que são a *cristológica* (referência a Cristo), a *eclesiológica* (referência à Igreja) e a *escatológica* (referência ao dinamismo da história em direção ao Reino futuro e definitivo).

104. Nosso documento acentua, em diversas partes, a dimensão *cristológica* e *eclesiológica*. É evidente. Mas também não está ausente a dimensão *escatológica,* que nos lembra nossa condição de peregrinos que participam da construção da história e da luta pela libertação integral do homem, na esperança da plena realização do encontro com Deus face a face.

105. A dimensão *cristológica* não pode ser separada da dimensão trinitária. O mistério de Cristo se compreende em relação com o mistério do Pai e do Espírito Santo.

106. Nossa comunicação com Deus Pai, pelo Filho, no Espírito, se reveste de dois aspectos principais: *bíblico* e *litúrgico*. É o que enfatizamos tratando das "fontes" da Catequese.

107. Analisando a dimensão *eclesiológica*, podemos destacar, dentro dela, diversos aspectos: *comunitário, vocacional, missionário, ecumênico...*

108. Finalmente, se considerarmos especialmente a pessoa do cristão, do homem, e sua atuação solidária na história, poderemos ressaltar as dimensões *antropológica, existencial, histórica, política, libertadora* da Catequese. Considerado o dinamismo contínuo de todo o homem, que está sempre em busca do crescimento e sempre exposto a dificuldades e fracassos, pode-se falar também em dimensão *permanente* da Catequese, enquanto ela quer abranger todas as fases e ambientes educativos da vida da pessoa e as etapas da educação da fé.

109. A lista de "dimensões" que acabamos de mencionar fornece, em síntese, duas orientações:

1º — indica que nem todas as dimensões têm o mesmo valor e a mesma importância: umas são fundamento, e outras são conseqüências;

2º — sugere que, na prática catequética, cada comunidade ou catequista deve fazer sua revisão e verificar se dá a devida acentuação a cada uma das dimensões essenciais.

2.2.5. Em métodos diversos o mesmo princípio da interação

110. Também a respeito da metodologia catequética, fixamos alguns pontos fundamentais.

Antes de tudo, incentivamos catequistas e formadores de catequistas a consagrarem parte de seu tempo ao estudo dos métodos mais adequados, evitando a tentação do empirismo, da improvisação, talvez do desleixo.

111. Em segundo lugar, reconhecemos a existência de uma pluralidade de métodos, entre os quais uma diocese, uma comunidade ou um catequista, de acordo com as respectivas autoridades, podem e devem escolher os que julgarem mais adequados. "A variedade dos métodos é um sinal de vida e uma riqueza" (CT 51; cf. DCG 72).

112. Lembramos, porém, que todos eles deverão obedecer, com ampla possibilidade de diferentes aplicações concretas, ao chamado *"princípio da interação"* (ou de interpelação).

113. Pois, por tudo o que vimos anteriormente, na Catequese realiza-se uma *inter-ação* (= um relacionamento mútuo e eficaz) entre a experiência de vida e a formulação da fé; entre a vivência atual e o dado da Tradição. De um lado, a experiência da vida levanta perguntas; de outro, a formulação da fé é busca e explicitação das respostas a essas perguntas. De um lado, a fé propõe a mensagem de Deus e convida a uma comunhão com ele, que ultrapassa a busca e as expectativas

humanas; de outro, a experiência humana é questionada e estimulada a abrir-se para esse horizonte mais amplo.

114. O Papa Paulo VI faz alusão ao tema da interação entre Evangelho e Vida, quando escreve: "A Evangelização não seria completa se não tomasse em consideração a interpelação recíproca que se fazem constantemente o Evangelho e a vida concreta, pessoal e social dos homens". E o Papa mostra o resultado positivo dessa "interpelação recíproca": "É por isso que a Evangelização comporta uma mensagem explícita adaptada às diversas situações e continuamente atualizada, sobre os direitos e deveres de toda pessoa humana e sobre a vida familiar, sem a qual o desabrochamento pessoal quase não é possível; sobre a vida em comum na sociedade; sobre a vida internacional, a paz, a justiça e o desenvolvimento; uma mensagem sobremaneira vigorosa em nossos dias, ainda sobre a libertação" (EN 29; cf. também Medellín, Cat. 6).

115. Também o método seguido em Puebla, o *"Ver-Julgar-Agir"*, quer levar a essa interação entre a experiência de vida, ou a visão da situação histórica, de um lado, e a reflexão baseada sobre a doutrina da fé, do outro, a fim de gerar uma praxe cristã. Um correto entendimento do método, ou seu aprofundamento, mostra que a fé já está presente no momento do VER e que categorias humanas entram no momento da reflexão e da avaliação à luz da fé (o JULGAR) (cf. MM 239; AA 29).

116. De fato, não seria correto recair em novos dualismos, que opusessem radicalmente *vida* e

Evangelho, experiência e *doutrina, humano* e *divino.* Ao contrário, deve ser ressaltada a "unidade profunda" do plano de Deus (cf. Medellín, Cat. 4; DCG 8). Em Puebla, os bispos assinalam como aspecto positivo da Catequese atual; "Um esforço sincero para integrar a vida com a fé, a história humana com a história da salvação, a situação humana com a doutrina revelada, a fim de que o homem consiga sua verdadeira libertação" (P 979). E apresentam um aspecto negativo ainda existente: "Não raro, cai-se em dualismos e falsas oposições, como entre Catequese sacramental e Catequese vivencial, Catequese de situação e Catequese doutrinal. Por não situar-se numa posição de justo equilíbrio, alguns têm caído no formalismo e outros no vivencial, sem apresentação de doutrina" (P 988).

117. O Papa João Paulo II também rejeita a oposição entre "ortopráxis" e "ortodoxia", convicções firmes e ação corajosa, experiência vital e estudo sério e sistemático da mensagem de Cristo (CT 22). E conclui: "A Catequese autêntica é sempre iniciação ordenada e sistemática à revelação que Deus faz de si mesmo ao homem em Jesus Cristo; revelação esta conservada na memória profunda da Igreja e nas Sagradas Escrituras, e constantemente comunicada por uma tradição viva e ativa, de uma geração para a outra. E tal revelação não está isolada da vida, nem justaposta a ela de maneira artificial. Mas diz respeito ao sentido último da existência, que ela esclarece totalmente para a inspirar e para dela ajuizar criticamente, à luz do Evangelho" (CT 22).

2.2.6. Lugares da Catequese

118. "O lugar ou ambiente normal da Catequese é a *comunidade* cristã. A Catequese não é tarefa meramente 'individual', mas realiza-se sempre na comunidade cristã. As formas da comunidade evoluem hoje rapidamente. Além das comunidades como a família, primeira comunidade educadora do homem, ou a paróquia, lugar normal em que opera a comunidade cristã, — ou a escola, comunidade destinada à educação, surgem, hoje em dia, muitas outras comunidades, entre as quais as pequenas comunidades eclesiais, as associações, os grupos juvenis etc. Essas novas comunidades oferecem uma oportunidade para a Igreja: podem ser fermento na massa, no mundo em transformação; contribuem para manifestar mais claramente tanto a diversidade como a unidade da Igreja; devem mostrar entre si a caridade e a comunhão. A Catequese pode, nelas, encontrar novos lugares onde inserir-se, uma vez que os membros da comunidade são uns para com os outros proclamadores do mistério de Cristo" (Sínodo dos Bispos de 1977, Mensagem ao Povo de Deus, 13).

119. É importante ressaltar a novidade dessa orientação comunitária, em face da convicção — infelizmente ainda muito difundida — de que a Catequese seria exclusivamente assunto para crianças. Mesmo algumas das escassas iniciativas específicas da Catequese de adultos" estão concebidas mais como prolongamente ou substitutivo da Catequese elementar, infantil, do que como resposta às exigências próprias de seu campo e de seus destinatários. Assim, o que acontece muitas vezes é que o homem cresce, mas não o cristão.

120. A *Catequese comunitária de adultos*, longe de ser apêndice ou complemento, deve ser o modelo ideal e a referência, a que se devem subordinar todas as outras formas de atividade catequética. Ela deve receber uma atenção prioritária em *toda paróquia e comunidade eclesial de base* (cf. IV parte).

121. A *família* é não somente destinatária ou objeto de Catequese. A família cristã, pela graça sacramental do Matrimônio tornada como que "igreja doméstica", é também lugar por excelência de Catequese, especialmente na primeira infância: "Os pais devem ser para seus filhos os primeiros mestres da fé" (GE 2).

122. De fato, a família, nos primeiros anos de vida, comunica aos filhos uma formação religiosa que se entranha profundamente em sua personalidade. Essa formação, que reflete geralmente as convicções e práticas religiosas dos pais, pode e deve ser aperfeiçoada com a ajuda da comunidade, de modo a se inspirar mais plenamente no espírito evangélico e eclesial.

123. Os pais devem ser orientados não só para dar uma formação consciente e explicitamente cristã aos filhos, mas para eles mesmos crescerem em seu compromisso cristão e na capacidade de iluminar pela fé a realidade familiar e social, que são chamados a construir (cf. CT 68).

124. O *ensino religioso* na escola é um direito e dever dos alunos e dos pais. É uma dimensão fundamental e necessária de toda a educação, bem como uma exigência da liberdade religiosa de cada pessoa, que tem direito a condições que lhe permitam progredir em sua

formação espiritual (cf. CT 69); Discurso de João Paulo II aos Sacerdotes de Roma, 5.3.1981, 3; Documento SCEC, o leigo católico testemunha da fé na escola, 56).

125. O ensino religioso nas escolas é normalmente distinto da Catequese nas comunidades. Para o cristão, é particularmente importante para conseguir a síntese criteriosa entre a cultura e a fé. Não tratamos aqui dos problemas específicos do ensino religioso, que deve "caracterizar-se pela referência aos objetivos e critérios próprios da estrutura escolar" (João Paulo II, Discurso de 5.3.1981, 3). Mas o ensino religioso levará em conta, nas devidas proporções, o que aqui é dito a respeito da Catequese em comunidade, com a qual mantém "íntima conexão" nos destinatários e no conteúdo. Devido ao pluralismo religioso da sociedade em que vivemos, no ensino religioso nas escolas deverá prevalecer a evangelização, cabendo a Catequese à comunidade paroquial.

126. Como recomenda o Sínodo dos Bispos de 1977, uma muito atenção especial deve ser dada a *grupos, movimentos e outras formas de vida associada*, que hoje se multiplicam entre jovens e adultos. Há uma florescência de movimentos de leigos católicos com grande potencialidade catequética, mas que precisam de maior estímulo e orientação para desenvolverem séria e sistematicamente uma Catequese renovada. Do contrário, o risco é de permanecerem num estágio de adesão entusiasta e emocional ao cristianismo, sem amadurecimento adequado da fé, que possa enfrentar duradoura e vitoriosamente impactos e agressões das ideologias e contra-valores.

127. Entre os recursos que devemos dispor e desenvolver a serviço da Catequese, estão os modernos *meios de comunicação grupais:* audiovisuais, dinâmicas de grupo, técnicas para reprodução e multiplicação de documentos, recursos da cultura popular: canto, música, desenho, teatro, cordel etc. (cf. P 1090).

128. Também é desejável maior presença nos *meios de comunicação social de massa ("mass media"),* com vista à informação religiosa e mesmo, quando oportuno, visando a formas de Catequese em sentido lato. Essa presença, que supõe rigorosa preparação técnica, não interessa só pelo número de pessoas que permite atingir, inclusive entre aquelas que não costumam freqüentar as comunidades eclesiais, mas também pela possibilidade de incidir tempestivamente sobre a opinião pública, provocando uma reflexão sobre a atualidade.

Essa presença é responsabilidade especialmente das instituições eclesiásticas de maiores recursos e mais próximas dos centros de produção que alimentam os *"mass media".* Todas as comunidades, porém, têm o dever de contribuir para a formação de uma consciência crítica em face dos meios de comunicação social (cf. P 1088).

2.2.7. Catequese segundo idades e situações

2.2.7.1. Educação permanente da fé

129. Sempre mais se impõe uma educação permanente da fé que acompanhe o homem por toda a vida e se integre em seu crescimento global. A comunidade catequizadora velará zelosamente para que isso aconteça de fato, estabelecendo uma "organização adaptada e eficaz que empenhe na atividade catequética as pessoas, os meios, os instrumentos e os recursos financeiros necessários" (CT 63; cf. Diretrizes Gerais da CNBB 1974-78, p. 59; P 998; Sínodo de 1977, proposição 15).

2.2.7.2. Catequese de adultos

130. É na direção dos *adultos* que a Evangelização e a Catequese devem orientar seus melhores agentes. São os adultos os que assumem mais diretamente, na sociedade e na Igreja, as instâncias decisórias e mais favorecem ou dificultam a vida comunitária, a justiça e a fraternidade. Urge que os adultos façam uma opção mais decisiva e coerente pelo Senhor e sua causa, ultrapassando a fé individualista, intimista e desencarnada. Os adultos, num processo de aprofundamento e vivência da fé em comunidade, criarão, sem dúvida, fundamentais condições para a educação da fé das crianças e jovens, na família, na escola, nos Meios de Comunicação Social e na própria comunidade eclesial.

Destacamos o peculiar valor do ano litúrgico para uma Catequese contínua e integrada. Igualmente, são momentos privilegiados para a Catequese de adultos os grandes acontecimentos da vida: nascimento, matrimônio, enfermidade, morte etc.

2.2.7.3. Crianças, adolescentes e jovens

131. Durante muito tempo, a Catequese se limitou à infância. E mesmo assim, no horizonte da preparação imediata da Primeira Eucaristia, numa linha quase exclusivamente doutrinária. O papel dos pais e da comunidade, apesar de certo esforço para uma visão mais ampla da Catequese infantil, é ainda muito restrito. Não se percebeu suficientemente que uma das tarefas essenciais dos pais e da comunidade eclesial é criar ambiente e apoio para que a criança, o adolescente e o jovem caminhem para a maturidade na fé.

132. Já em 1974, no seu documento "Pastoral da Eucaristia", cap. VI, a CNBB insistia em que a preparação para a Primeira Eucaristia tivesse mais preocupação com a iniciação na vida da comunidade, com a fraternidade cristã e com a participação do cristão na missão da Igreja.

133. É evidente que o papel mais importante na educação da primeira infância compete à família. Em seguida caberá à comunidade paroquial e escolar colaborar com os pais na iniciação da criança e do adolescente na vida comunitária mais ampla, fazendo-os conhecer e experimentar Jesus Cristo que, com sua vida e Boa-Nova, inspira a caminhada do Povo de Deus, e levá-los a participar, como crianças e adolescentes, nessa caminhada.

134. Na Bíblia, a Catequese das crianças tem seu lugar tanto na comunidade quanto na família: "Quando amanhã o filho te perguntar: 'Que significam estes mandamentos, estas leis e estes decretos que o Senhor nosso Deus nos prescreveu?' então responderás ao filho: 'nós éramos escravos do Faraó e o Senhor nos tirou do Egito com mão poderosa... O Senhor mandou que cumpríssemos todas estas leis e temêssemos o Senhor nosso Deus, para que fôssemos sempre felizes e nos conservasse vivos, como nos faz hoje. Seremos justos, se guardarmos os seus mandamentos e os observarmos diante do Senhor nosso Deus, como Ele mandou'" (Dt 6,20-25; cf. Dt 29,21-27). Era o direito e dever do pai de família em Israel dar aos filhos as razões dos próprios gestos, de sua fé, da caminhada do povo liberto por Deus.

135. É indispensável a existência de grupos de crianças, de adolescentes e também de jovens, que os preparem, através da oração, estudo, fraternidade, atividades transformadoras, para integrar pouco a pouco a comunidade maior.

Para isso, esses grupos infanto-juvenis devem sempre manter estreita ligação com a comunidade, realizando diversos serviços na celebração litúrgica, nos círculos bíblicos, e nas demais atividades comunitárias.

136. A formação litúrgica constituirá parte importante da iniciação das crianças, adolescentes e jovens na vida da comunidade cristã. As preparações para os diversos sacramentos devem passar a ser momentos fortes dessa iniciação e perder seu caráter episódico e esporádico.

137. A criação de um ambiente educativo da fé é uma exigência não só metodológica, mas de conteúdo, especialmente em se tratando de crianças e jovens. Eles necessitam de apoio, acolhida, alegria, presença fraterna de educadores adultos, além de um mínimo de estruturação de suas atividades. O catequizando, criança e jovem, não participará do "catecismo", da "aula de ensino religioso", dos grupos infanto-juvenis somente para aprender religião", "aprender as principais verdades da fé", "preparar-se para receber tal sacramento", mas sobretudo para aprender a viver e atuar como cristãos, agentes de transformação na sociedade brasileira de hoje. Por isso, é importante que, já como adolescentes e jovens, realizem ações transformadoras no seu ambiente específico.

A Catequese deverá realçar também a dimensão vocacional das crianças e jovens. Deverá ajudá-los, desde cedo, a encontrarem a vocação a que Deus os chamou. Por isso, deverá orientá-los à oração e à reflexão diante de Deus, para que saibam escutar e entender os sinais da vocação que os levam a descobrirem qual o seu lugar na Igreja, seguindo o plano e a vontade de Deus (cf. P 865).

138. No processo de educação permanente da fé, tanto na família como nas outras formas de estruturação da Catequese da comunidade cristã, as crianças e jovens:

— em face de uma sociedade baseada no neopositivismo e no ativismo, aprenderão o senso do mistério e o gosto pela oração e pelo silêncio;

— em face da sociedade que tudo relativiza e apresenta como valor o que não o é, aprenderão a ter senso crítico;

— em face da sociedade competitiva e de consumo, onde tudo se vende e se compra, aprenderão a viver o senso da simplicidade, da gratuidade, a disposição de compartilhar e a solidariedade libertadora entre os pequenos;

— em face da sociedade repressiva, aprenderão a criatividade, a coragem empreendedora, a compreensão e o perdão;

— em face da sociedade massificante e escravizante, aprenderão a liberdade, a responsabilidade, que permitirão superar o egoísmo, a rotina, o vazio, a manipulação, a exploração;

— em face da sociedade pluralista, invadida por todo tipo de movimentos religiosos e ideológicos, aprenderão a dar razões de sua identidade cristã-católica e de sua esperança.

Aprenderão, enfim, na experiência com o Senhor Jesus e na vivência da comunidade, os valores propostos nas Bem-aventuranças.

139. Confrontando constantemente a própria vida com a mensagem evangélica e com as formulações da fé, oferecidas pela Tradição viva da Igreja, a criança, o adolescente e o jovem aprenderão também a exprimir sua fé com palavras próprias. Assim, as fórmulas antigas da Bíblia, da Liturgia e do *Credo* adquirirão aos poucos vida e se tornarão expressões privilegiadas da fé (cf. CT 59).

140. Ao invés de sobrecarregar a criança com todas as fórmulas doutrinais de que poderá precisar na vida, é melhor e mais pedagógico ensinar-lhe progressivamente essas fórmulas, principalmente textos bíblicos e litúrgicos, à medida em que vai vivendo sua experiência eclesial no grupo, e levá-la a continuar participando do processo catequético, conforme as exigências de uma Catequese permanente.

141. A memorização virá como necessidade de guardar carinhosamente o essencial da experiência de Deus iniciada ou acontecida no processo catequético. Trata-se, então, de uma "memorização em nível de fé". Assim, os textos bíblicos ou outros, as fórmulas, sempre que vierem à mente, virão carregadas de realidade contempladas, estudadas, vividas numa experiência de fé.

2.2.7.4. Excepcionais

142. A presença de deficientes físicos ou mentais numa família e comunidade eclesial as interpela evangelicamente e exige delas uma real identificação com o Cristo sofredor nesses seus irmãos mais fracos.

A família e a comunidade deverão colocar à disposição deles todos os recursos necessários para acolhê-los como membros plenos de sua comunhão, e para o possível conhecimento de Jesus Cristo.

Os próprios deficientes, como os pobres, as crianças e os jovens, tornam-se por sua vez evangelizadores da própria comunidade que os acolhe.

2.2.7.5. Outras situações

143. A comunidade deve prestar particular atenção e procurar meios adequados para ir ao encontro das necessidades catequéticas daquelas categorias de pessoas que, por sua condição de vida, mais dificilmente podem participar da vida normal da comunidade cristã. Lembramos sobretudo migrantes, menores abandonados, anciãos, motoristas, operários com turno especial de trabalho, encarcerados, prostitutas, bóias-frias etc.

2.2.8. Missão e formação do catequista

144. A tarefa da Catequese é confiada, em primeiro lugar, a toda a comunidade eclesial, que, com toda a sua vida, contribui para a educação de seus membros na fé. O Bispo, e com ele os presbíteros e diáconos, sacramentalmente constituídos ministros do Cristo-Mestre, são os primeiros responsáveis pela Catequese (cf. Cân 773-777).

A comunidade não dispensa a figura do catequista; ao contrário: em função do papel da comunidade na Catequese, e também devido às transformações sociais e culturais do nosso tempo, estamos descobrindo um novo tipo de catequista: alguém que, integrado na comunidade, conhece bem sua história e suas aspirações e sabe animar e coordenar a participação de todos.

145. Como bom comunicador, o catequista não fala sozinho. Ele desperta e provoca a palavra dos membros da comunidade. O catequista dedica-se de modo específico ao serviço da Palavra, tornando-se porta-voz

da experiência cristã de toda a comunidade. "O catequista é, de certo modo, o intérprete da Igreja junto aos catequizandos. Ele lê e ensina a ler os sinais da fé, entre os quais o principal é a própria Igreja" (DCG 35). Desenvolve um verdadeiro ministério, um serviço à comunidade cristã, sustentado por um especial carisma do Espírito de Deus.

146. Quando catequiza, ele o faz em nome de Deus e da comunidade profética, em comunhão com os pastores da Igreja. Anuncia a Palavra, denuncia o que impede o homem de ser ele mesmo e de viver sua vocação de filho de Deus. Ajuda a comunidade a interpretar criticamente os acontecimentos, proporcionando-lhes a reflexão e explicitação da fé. Convida a comunidade a libertar-se do egoísmo e do pecado e a celebrar a sua fé na Ressurreição. De profunda espiritualidade, falará mais ainda pelo exemplo do que pelas palavras que profere.

147. É tarefa do catequista apresentar os meios para ser cristão e mostrar a alegria de viver o Evangelho. Catequizar é comunicar. O catequista comunica mediante o testemunho, a palavra e o culto. A comunicação autenticamente evangélica supõe uma experiência de vida na fé e de fé capaz de chegar ao coração daquele a quem se catequiza. Contudo, sabendo que a adesão dos catequizandos a Jesus Cristo é fruto da graça e da liberdade, estará atento a respeitar as decisões e dificuldades de cada um. Assim também, o catequista participará do diálogo "com as manifestações religiosas que caracterizam o nosso hodierno mundo pluralista... dentro do máximo respeito à pessoa e à identidade do interlocutor" (Puebla 1114).

148. Em vista dessa formação permanente, a comunidade envidará todos os esforços para possibilitar aos seus catequistas, ao longo de seu compromisso, os seguintes dados básicos, que deverão ser continuamente retomados e aprofundados: sua inserção na caminhada da comunidade eclesial; consciência crítica da realidade sócio-econômico-política, cultural e ideológica, para aprender a ler nela os sinais de Deus; conhecimento atualizado e experiencial da Bíblia; fidelidade à Tradição e ao Magistério; visão da história da Igreja; vida de oração; ciências humanas que favoreçam de perto sua missão, como, por exemplo, psicologia, pedagogia, didática, comunicação etc.

149. Em função disso, são importantes as Escolas Catequéticas tão insistentemente solicitadas pelos catequistas e recomendadas pelo Magistério.

150. A formação deve ter o cuidado de não somente desenvolver a capacitação didática e técnica do catequista, mas também e principalmente sua vivência pessoal e comunitária da fé e seu compromisso com a transformação do mundo, a fim de que a atuação do catequista nunca esteja separada do seu testemunho de vida.

151. O catequista deve viver sua experiência cristã e sua missão dentro de um grupo de catequistas, que dará continuidade à formação e oferecerá oportunidades para a oração em comum, a reflexão, a avaliação das tarefas realizadas, o planejamento e a preparação dos trabalhos futuros. Assim, o grupo de catequistas expressa mais visivelmente o caráter comunitário da tarefa catequética.

2.2.9. Textos e manuais de Catequese

152. De acordo com essa visão da Catequese renovada, os manuais deverão ser organizados, levando em conta os princípios acima expostos, as dimensões mencionadas, e tirando das fontes indicadas a iluminação da caminhada da comunidade.

153. A comunidade cristã primitiva teve como fonte de Catequese a memória de Jesus — fatos e palavras, — interpretada no contexto das Escrituras Sagradas do Antigo Testamento. Surgiram assim os escritos do Novo Testamento que, junto com o Antigo, lido agora à luz de Cristo, forma as Escrituras Cristãs.

154. Em primeiro lugar, recordamos que o uso dos manuais não deve substituir a leitura da Bíblia, livro de Catequese por excelência, mas orientar para ela. A própria Bíblia, com a extrema riqueza e variedade de gêneros literários, sugere que também em nossa Catequese haja recurso a expressões estéticas e literárias diversificadas, que ofereçam diferentes caminhos de aprendizagem e múltiplas possibilidades de apresentação da mensagem.

155. Os manuais catequéticos, além de apresentar textos bíblicos selecionados, devem conter instruções sobre o uso deles, bem como elementos de introdução à leitura da Bíblia e de formação de coordenadores de círculos bíblicos.

156. Espera-se de um bom texto de Catequese que, além da clareza doutrinária, encaminhe satisfatoriamente as atividades educativas da fé. Para essa finali-

dade, os planos de atividades educativas e transformadoras provavelmente servirão mais do que o clássico "catecismo" e os chamados "planos de aula".

157. À primeira vista, os planos de atividades transformadoras e educativas podem assemelhar-se aos "planos de aula". Na realidade, porém, seus objetivos e métodos, e sua própria estrutura são totalmente diversos. São planos de atividades. Visam à educação para um novo modo de agir e viver, em que a reflexão e informação constituem elementos de um todo muito mais amplo. Não estão presos a uma ordem fixa. Não fornecem nem supõem respostas pré-fabricadas. Estimulam a criatividade, a busca comunitária da experiência de Deus e a descoberta e vivência de sua mensagem.

158. Os planos de atividades serão repertórios, ora mais ora menos organizados, que contêm:

— estímulos para atividades transformadoras e pedagógicas;

— propostas de temas a serem refletidos e debatidos;

— formulações básicas da fé;

— textos-fontes, extraídos da Bíblia, da Liturgia, dos Santos Padres e do Magistério eclesiástico.

159. Ao lado da temática catequética básica, os planos de atividades poderão também conter diversos elementos úteis complementares, como, por exemplo, elementos de introdução aos sinais litúrgicos, seleção de cantos e orações que sirvam para exprimir a vida da comunidade, elementos de história da Igreja, poesia etc.

160. Em todos os manuais, merecem especial atenção as ilustrações, que se destinam não apenas a enfeitar e agradar, mas a integrar e aprofundar a mensagem e a própria educação religiosa do catequizando. Como os sacramentos e como todo sinal, a imagem revela e esconde ao mesmo tempo. Aprender a ler essa imagem é aprender a ler a história, a vida, a natureza, que são "lugares" da manifestação de Deus.

161. As considerações que aqui fizemos e as conhecidas diferenças regionais e culturais de nosso País nos induzem a pensar que um único manual de catequese para todo o Brasil seria inviável, ou ao menos inadequado. Para conseguir, dentro da legítima diversidade, uma unidade fundamental de conteúdo, oferecemos a seguir um temário básico.

III PARTE

TEMAS FUNDAMENTAIS
PARA UMA CATEQUESE RENOVADA

162. Esta terceira parte é uma proposta de temas fundamentais para a Catequese de hoje. Está baseada principalmente no documento de Puebla, cujos textos são muitas vezes transcritos literalmente ou resumidos, enriquecida por outros documentos eclesiais, principalmente os do Concílio, Medellín, Diretório Catequético Geral, Evangelii Nuntiandi, Catechesi Tradendae e outras encíclicas do Papa João Paulo II, e documentos da CNBB.

Não se trata de um catecismo, mas é um esforço de apresentar os grandes temas de uma Catequese renovada em nosso contexto. Este temário não é exaustivo nem único, mas inspirador. Relembramos que o temário fundamental é a Bíblia. No entanto, a História atual nos coloca alguns parâmetros para a leitura e vivência da Palavra de Deus que devem ser levados em conta.

163. Entre as opções de base está a de fazer ligação entre fé e vida, formulações da fé e caminhada da comunidade. Esta interação nem sempre poderá aparecer no documento, porque ela é a grande tarefa e arte do agente de Catequese diante das situações concretas. Por isso, este temário é endereçado sobretudo aos coordenadores de Catequese, autores de textos catequéticos e agentes de Catequese que, evidentemente, deverão adaptá-los aos destinatários quanto à seleção

dos temas, linguagem, metodologia, e principalmente encarná-lo na caminhada da comunidade.

164. O eixo central que permeia toda a apresentação da mensagem é o de COMUNHÃO-PARTICIPAÇÃO num processo comunitário. Por isso, a parte eclesiológica apresenta-se bastante desenvolvida; mas as outras dimensões centrais do documento de Puebla (fidelidade a Cristo e ao Homem) acham-se também muito presentes. A fidelidade ao texto de Puebla condiciona a linguagem que, em certas ocasiões, não é diretamente catequética. No entanto, procura-se falar a partir da comunidade e numa linguagem descritiva.

3.1. A situação do homem

3.1.1. Várias visões do mundo

Visões inadequadas do Homem.

165. *Todos nós temos uma visão do mundo. Para alguns, o homem deve aceitar tudo passivamente, pois tudo já está fatalmente determinado. Outros vêem o homem reduzido a seus instintos, que lhe tiram toda a responsabilidade. Um terceiro grupo considera o homem como o resultado de suas relações de produção ou das forças econômicas. Há os que colocam o Estado acima das pessoas, limitando assim a liberdade individual. Outros vêem nas ciências a única salvação do homem.*

166. *Grande parte de nosso povo possui uma visão do mundo e do homem baseada numa crença em Deus manifestada em diversas expressões da religiosidade popular. Muitas vezes, porém, é uma fé desvinculada da vida, ou uma fé que se diz cristã, mas cheia de elementos estranhos ao cristianismo (cf. P 308-315; 444-456; 914; 342; 453).*

Crença em Deus.

3.1.2. Como Jesus via o mundo

167. *Nós, cristãos, temos uma visão própria da realidade humana, que nos vem de Jesus Cristo porque nele se revela a dimensão mais profunda do Homem e do seu mundo. Jesus e os Apóstolos colocavam Deus e o mundo em estreita relação.*

168. *Jesus mostra conhecer bem a realidade da vida. Nada que está a seu redor escapa de seu olhar; diante das contradições e injustiças, ele toma posição. Fala de Deus e de seu Reino a partir da situação de vida de seu Povo. Os acontecimentos, até trágicos, as realidades da vida quotidiana, as coisas do mundo, servem de material com o qual ele concretiza a mensagem do Reino e o mostra presente na História. Para Jesus, as coisas todas*

A visão de Jesus que viveu nossa história e nela anunciou o REINO.

podem servir de sinal da presença ou ausência do Reino. Por isso tem os olhos bem abertos para a realidade.

Nós queremos unir a fé à vida.

169. *Da mesma forma, os Apóstolos e a Igreja tomam posição diante da realidade concreta, unindo profunda e criticamente fé e vida.*

3.1.3. Como vemos nós a realidade?

Não se pode falar de Deus sem falar do Homem.

170. *Assim como Jesus, nunca podemos separar a mensagem evangélica da Catequese, de nossa história; nem falar de Deus sem falar do homem. Nossos bispos latino-americanos, sobretudo em Medellín e Puebla, o episcopado brasileiro, em inúmeros documentos, nos ajudam a ver a realidade na perspectiva de Jesus e dos Apóstolos. Assim, assumem os desafios vindos de nossa realidade contraditória e a confrontam com o Evangelho. Resultam daí caminhos, colegialmente aprovados, para a encarnação do Evangelho na realidade de nossos povos.*

Vivemos uma realidade contraditória que clama por LIBERTAÇÃO.

171. *Toda a primeira parte do Documento de Puebla nos mostra que vivemos num processo de desenvolvimento, cujos benefícios são, entretanto, desigualmente distribuídos. Esta injustiça se constata não só em campo*

econômico, mas também social, político e cultural. Tal situação faz surgir, em todos os níveis, o espírito de solidariedade, de comunhão e participação em favor dos marginalizados, e um grande anseio de libertação, diante do subdesenvolvimento em que vive a maior parte de nosso povo.

172. *A visão da realidade é apresentada de modo bastante completo no Documento de Puebla e nos documentos e pronunciamentos da CNBB, o que demonstra estar a Igreja agindo a partir da realidade. Esta visão não é meramente social e científica, mas teológica e pastoral. Do mesmo modo, cada catequista deve aprender a fazer a análise da própria realidade local.*

173. *Diante dessa realidade, qual é a mensagem de salvação que devemos anunciar com nossa Catequese? Para todos os homens, a Igreja tem uma só resposta:* Cristo, o Redentor do homem. *Ele não se substitui ao homem, mas se oferece como caminho da plena realização humana e da vida eterna (Jo 8,32). Assim, essa libertação se torna plenamente ação do homem e, ao mesmo tempo, plenamente dom de Deus, e o clamor surdo dos que não têm voz é aceito por Deus: "Eu ouvi os*

A resposta para nossos problemas é JESUS CRISTO.

Nele temos a SALVAÇÃO, obra de Deus que requer a ação do Homem.

clamores do meu povo por causa de seus opressores, e desci para o libertar" (Ex 3,7-8) (cf. P 1-161; RH 1).

3.2. Os desígnios de salvação de Deus:
A verdade sobre Cristo, a Igreja e o Homem

3.2.1. A verdade sobre Jesus Cristo

3.2.1.1. Deus voltado para o mundo

<small>Revelação de Deus na HISTÓRIA narrada pela BÍBLIA.</small>

174. *Deus, como nossa fé professa, é um Deus que "está no meio de nós", que sempre se manifesta dentro de nossa história e de nossas vidas, procurando nos libertar para formas mais humanas de vida. A plenitude desta vida é a total comunhão com ele.*

175. *Sabemos da ação divina no curso da história, pelo testemunho das Escrituras Sagradas: elas contêm o Relato dos acontecimentos salvíficos e Palavras proféticas pelos quais Deus se revela e dá sentido a toda a nossa História. Elas testificam que Deus sempre fez e manteve Aliança com os homens. O Antigo Testamento é a história de Israel, Povo escolhido para ser sinal e instrumento, para todos os po-*

vos, desta presença divina dentro da Humanidade. O Novo Testamento narra o acontecimento máximo de nossa história da salvação, isto é, a manifestação do próprio Deus na pessoa de Jesus de Nazaré, e seu prolongamento até o fim dos séculos através de sua Igreja vivificada pelo Espírito Santo.

176. *Toda a Bíblia é a narração, sob a inspiração do Espírito Santo, das experiências concretas de um Povo à procura de Deus e da ação desse Deus se revelando a este Povo. Por isso, a Bíblia, como principal fonte da fé, deve ser lida no contexto da vida, porém à luz da Tradição e do Magistério, que são a garantia para nós de uma correta interpretação (cf. DV 2-6; P 372; 1001).*

A Bíblia narra a EXPERIÊNCIA de Deus vivida por um Povo; por isso deve ser lida no CONTEXTO da VIDA.

3.2.1.2. A criação, início do plano de salvação

177. *Tendo descoberto as maravilhas do Amor de Deus por nós em Jesus Cristo, a comunidade cristã primitiva, também à luz da experiência do Povo Eleito, professa que a própria criação do mundo é um grande ato do amor de Deus. A criação das coisas visíveis e invisíveis, do mundo e dos*

Deus cria o mundo por AMOR e em vista do HOMEM.

anjos, é o princípio da História da salvação. Deus criou o mundo e o homem para poder se doar, fazendo-o gratuitamente participar de sua vida e felicidade. Por isso, o plano de nossa salvação tem início na criação: todos os homens são criados em vista do apelo que Deus lhes faz em Cristo para entrar em seu Reino (cf. 1Cor 8,6; Cl 1,15-17; Jo 1,1-3; Hb 1,1-4; LG 2,3,7,48; GS 22; DCG 51; DV 3).

A PROVIDÊNCIA DIVINA nos mantém e conserva, respeitando nossa LIBERDADE, porque DEUS é AMOR.

178. *Deus está sempre presente e atuante no mundo através de sua Providência, respeitando, no entanto, a liberdade que ele mesmo nos deu; assim, aquilo que para nós é tão difícil, ou seja: cuidar e educar respeitando a liberdade pessoal, para Deus é o normal, porque o amor, que em nós é embrionário, nele é a essência mesma do ser: Deus é amor (1Jo 4,8), e é próprio do amor doar-se livremente, expandir-se, gerar novas vidas.*

Homem criado à IMAGEM E SEMELHANÇA DE DEUS: seu lugar e missão na criação.

179. *Dos seres do mundo, só o Homem, criado à imagem e semelhança de Deus, pode entrar em diálogo com ele e responder a seu apelo de Amor. Criando o mundo, Deus o confia ao Homem, para que ele o aperfeiçoe com seu trabalho e o torne uma terra habitável, onde todos os homens*

possam viver em comunhão fraterna. Sendo fiel ao plano de Deus e à sua graça, o homem, com sua caminhada histórica, vai se dirigindo para "os novos céus e a nova terra" (Ap 21,1; 2Pd 3,13), que serão o cumprimento final da criação (Rm 8,18-27).

180. *O poder e o amor de Deus, que se manifestou na criação, manifesta-se plenamente quando surge a nova criatura, o "novo Adão", ou seja, na Ressurreição de Cristo (Ef 1,19). As iniciativas de Deus para nos salvar, presentes em toda a nossa história e que culminam na Ressurreição de Cristo, hão de ter sua consumação no fim do mundo, quando haverá novos céus e nova terra (Cf. 2Pd 3,13).*

Nova criação: JESUS CRISTO RESSUSCITADO.

3.2.1.3. O homem "criado maravilhosamente" e decaído

181. *Ao criar o mundo, Deus nos criou para que participássemos da comunidade divina de amor: o Pai com seu Filho Unigênito no Espírito Santo. Fomos criados, pois, para a comunhão e participação. O homem, eternamente idealizado e eternamente eleito em Jesus Cristo, devia realizar-se como imagem criada de Deus, refletindo, em si*

A HISTÓRIA DE NOSSA SALVAÇÃO tem início na Criação. Fomos criados para a COMUNHÃO E PARTICIPAÇÃO.

No projeto original de Deus, o homem vive numa PERFEITA HARMONIA com Deus, consigo mesmo e com a natureza.

mesmo e na convivência com os irmãos, o mistério divino da comunhão, através de uma atuação que chegasse a transformar o mundo. A Bíblia exprime esse pensamento através da imagem do paraíso terrestre: o homem, na medida em que permanece fiel ao plano da criação, vive numa perfeita harmonia com o próprio Deus, com ele mesmo, com os outros e com a natureza. Ele é o parceiro de Deus, com quem conversa e passeia (Gn 3,8-13). Essencialmente iguais (Gn 2,23), homem e mulher não são idênticos: são diferentes em vista da complementariedade.

RECUSA DO AMOR de Deus como origem de todo mal. Com o PECADO ORIGINAL rompe-se a unidade, nasce a divisão.

182. Deus é bom, e o homem, criado para a comunhão, é bom também (Gn 1,31). Donde, então, tanta violência, ódio, exploração e escravidão, que vemos ao nosso redor? O homem, instigado pelo maligno, desde o início rejeita o amor de Deus, não tem interesse pela comunhão com ele, quer construir, prescindindo de Deus, um mundo fundamentado nas relações de dominação. Em vez de adorar ao Deus verdadeiro, adora os ídolos, obras de suas mãos e realidade deste mundo; adora a si próprio. Por isso o homem dilacera-se interiormente, rompe a unidade consigo mesmo, com Deus e a natureza. Penetram no mundo o mal, a morte, a violência, o ódio e o medo; a multiplicidade dos pecados torna-se a triste experiência dos homens e é causa de multiforme sofrimento e desgraça.

183. *O pecado das origens continua atingindo toda a humanidade. Dentro desse contexto se manifestam a natureza e os efeitos do pecado pessoal, pelo qual, agindo ciente e deliberadamente, violamos de fato a lei moral, ofendendo gravemente a Deus. À atitude de pecado, à ruptura com Deus que degrada o homem, corresponde sempre, no plano das relações intersubjetivas, a atitude de egoísmo, orgulho, ambição e inveja, que geram injustiças, dominação e violência em todos os níveis. Corresponde também à luta entre indivíduos, grupos, classes sociais e povos, bem como a corrupção, hedonismo, exacerbação sexual e superficialidade nas relações mútuas. Conseqüentemente se estabelecem situações de pecado que, em nível mundial, escravizam a tantos homens e condicionam adversamente a liberdade de todos. O pecado destrói nossa dignidade humana. A realidade latino-americana faz-nos experimentar amargamente, até aos extremos limites, esta força do pecado, que é contradição flagrante com o plano de Deus.*

Os PECADOS PESSOAIS e suas CONSEQÜÊNCIAS.

O projeto de Deus para RESTABELECER conosco a COMUNHÃO.

184. *Ao narrar o pecado, a Bíblia nos apresenta logo a promessa do Salvador, e este é o aspecto principal de toda a narração. Assim, a certeza fundamental, sobre a qual se alicerça a doutrina do pecado original, não é a informação histórica sobre fatos acontecidos na origem do mundo, mas a revelação de que Cristo é o Redentor necessário de todos os membros da humanidade, sem o qual ninguém encontra salvação (cf. P 182-186; 328; DCG 62; GS 13).*

3.2.1.4. Jesus Cristo, centro do plano de salvação

Nossa salvação prefigurada na HISTÓRIA DA ALIANÇA LIBERTADORA de Deus com Israel.

185. *Deus realiza nossa salvação através de uma longa história. De fato, depois, do pecado, ele não nos abandona, mas através de um povo concreto, Israel, reinicia o diálogo de salvação, realizando sucessivas Alianças, para que possamos construir o mundo partindo da fé e da comunhão com ele. Fatos concretos da História deste povo, particularmente o Êxodo, mostram a mão poderosa de Deus Pai que anuncia, promete e começa a realizar a libertação do pecado e de suas conseqüências.*

186. *O centro dessa história de nossa libertação é a figura de Jesus de Nazaré, o Filho de Deus. A salvação que ele nos propõe ultrapassa de muito a redenção do pecado; por ela se cumpre o plano de Deus, que quer comunicar-se conosco em Jesus, com tal plenitude que vai muito além da expectativa humana, ou seja: em Jesus Cristo todos somos chamados a participar da própria vida divina pelo Espírito Santo, e daquela "cristificação" do cosmo e da história, que Deus pensou desde o início do mundo (cf. Cl 1,15-20). De fato, a obra redentora de Cristo visa também a restauração de toda a ordem temporal, pois, embora a ordem espiritual e a ordem temporal sejam distintas, encontram-se, no entanto, intimamente ligadas no único propósito de Deus, ou seja, fazer do mundo, em Cristo, uma nova criação que se inicia aqui na terra e tem sua plenitude no último dia. Este plano de amor conserva sempre sua força e se estende a todos os tempos. Ainda que pecador, o homem sempre permanece na única ordem desejada por Deus, isto é, numa radical vocação para a comunhão com ele em Jesus Cristo. Por isso todos, movidos pela graça, podemos, pela conversão, alcançar a salvação (cf. P 181, 187; DCG 62; AA5; GS 29, 41).*

Em JESUS a manifestação plena da salvação, com o ANÚNCIO do REINO.

Onde abundou o pecado, superabundou a GRAÇA.

3.2.1.5. Jesus Cristo: sua encarnação e vida entre nós

3.2.1.5.1. A Encarnação

O VERBO, gerado desde toda a eternidade, faz-se homem e habita entre nós, restabelecendo a COMUNHÃO com o PAI.

187. Chegada a "plenitude dos tempos" (Gl 4,4), Deus Pai envia ao mundo seu Filho Jesus Cristo, Senhor nosso, Deus verdadeiro "nascido do Pai antes de todos os séculos", e homem verdadeiro nascido da Virgem Maria por obra do Espírito Santo. O Filho de Deus assume o humano, e no humano o universo todo, que desde a criação é orientado para o homem, restabelece a comunhão entre seu Pai e nós. Ao enviar seu Filho ao mundo, o Pai se torna Pai de todos os homens, e nós nos tornamos filhos no Filho. Assim, quando a Palavra eterna de Deus assume a nossa natureza humana, nos é dada uma dignidade altíssima, e Deus irrompe na nossa história, isto é, no peregrinar humano rumo à liberdade e à fraternidade, que aparecem agora como caminho que leva à plenitude do encontro com ele.

ENCARNAÇÃO: mistério da humanidade e da divindade de JESUS.

188. Professando a fé no mistério da Encarnação, cremos, com a Igreja, tanto na divindade de Jesus Cristo, quanto na realidade e força de sua dimensão humana e histórica. Nele

resplandecem a glória e a bondade do Pai que tudo prevê, e a força do Espírito Santo que anuncia a libertação integral de todos e de cada um dos homens do nosso povo. O homem Cristo Jesus, que habitou entre os homens trabalhando com suas mãos como homem, pensando com mente humana, agindo com vontade humana, amando com coração humano, é verdadeiramente o Verbo e o Filho de Deus que, pela Encarnação, de certa maneira se uniu a cada homem (cf. P 188, 189, 175; DCG 53; GS 22; RH 8,13).

3.2.1.5.2. Vida e Ensinamentos

189. *Jesus de Nazaré nasceu e viveu no meio de uma família pobre e de seu povo de Israel, compartilhando com ele a vida, esperanças e angústias; compadeceu-se das multidões e fez o bem a todos. Esse povo, acabrunhado pelo pecado e pela dor, esperava a libertação que Deus lhe havia prometido. No meio dele Jesus anuncia: "Completou-se o tempo; chegou o Reino de Deus. Convertei-vos e crede no Evangelho" (Mc 1,15). Ungido pelo Espírito Santo para anunciar o Evangelho aos pobres, para proclamar a liberdade aos cativos, a recuperação da vis-*

Compartilhando a vida de seu Povo, Jesus anuncia o REINO DE DEUS com ações e palavras.

ta dos cegos e a libertação dos oprimidos, Jesus entrega e confia, com as Bem-aventuranças e o Sermão da Montanha, a grande proclamação da Nova Lei do Reino de Deus; através de muitas parábolas ele nos esclarece a realidade e o conteúdo do Reino.

O Reino não é utopia: é libertação concreta, que chega à sua plenitude na glória celeste.

190. *Com a vida e os ensinamentos de Jesus, Deus atendeu às súplicas humanas e quis libertar os homens de forma definitiva e última. O Reino de Deus é essa libertação de Deus, como dom do Pai. O Reino não é um mundo utópico aqui na terra, nem apenas a felicidade depois da morte. Para Jesus, o Reino começa aqui na terra e se consuma depois da morte, no céu. Nosso povo está ainda esperando e quer que a Igreja lhe comunique a verdade de Jesus: "O Reino já chegou e está no meio de nós!" (cf. P 176, 190).*

3.2.1.5.3. A práxis de Jesus

191. *Às palavras anunciadoras do homem novo e da sociedade nova e de crítica profética à estrutura sócio-religiosa de seu tempo, Jesus juntou fatos. Os milagres são realizados por Jesus para serem sinais de que ele é efetivamente o Messias, o Libertador. Palavras, atitudes e ações de Jesus demonstram então que o Reino já chegou. Em Jesus, Deus estava presente vencendo o demônio e criando o homem novo num mundo novo.*

Em suas ATITUDES, Jesus revela o AMOR DE DEUS.

192. *Infiltrando-se nas estruturas sócio-religiosas, as forças do mal levaram muitos homens à rejeição de Jesus. Passando pela perseguição e pela dor, ele manifesta-se como o "Servo de Javé", de que fala o profeta Isaías (Is 53). Por sua radical fidelidade ao amor do Pai, chega à abnegação total, rejeitando a tentação do poder político e da violência. E é este o caminho que ele traça para seus seguidores: a doação desinteressada e sacrificada do amor; amor que abraça a todos, privilegiando os pequenos, fracos, pobres, e congregando a todos numa fraternidade capaz de abrir novo caminho na História (cf. P 191-192).*

Jesus é rejeitado pelos homens, mas permanece FIEL ao PAI. Seu CAMINHO é também o nosso.

3.2.1.5.4. O seguimento de Jesus e a conversão

Jesus exige um SEGUIMENTO radical.

193. *O projeto de Deus, anunciado no Reino pregado por ele, implica uma transformação radical no nosso modo de pensar e de agir como pessoas e como sociedade.*

Na medida que vamos seguindo o Cristo Ressuscitado, seu Espírito que habita a Igreja nos inspira a ficarmos mais parecidos com Cristo, compreendendo e atualizando em nossa vida os mandamentos da Lei divina, especialmente o Amor a Deus e ao próximo e a fidelidade às orientações de vida dadas pelo Mestre no Sermão da Montanha. Por isso, a conversão ao Reino é um processo nunca encerrado, tanto em nível pessoal quanto social, porque, se o Reino de Deus passa por realizações históricas, não se esgota nem se identifica com elas (cf. P 193, 1221, 1159).

3.2.1.6. O mistério pascal

3.2.1.6.1. A morte redentora de Jesus

O SACRIFÍCIO de Jesus tornou-se causa de nossa VIDA.

194. *Num mundo que não se converte ao Reino, mas que se organiza contra ele, este Reino só pode se*

realizar pela via do martírio. Foi o caminho seguido por Jesus. Por fidelidade e obediência ao Pai que o enviou e à mensagem que pregou e viveu, Jesus se entregou à morte livremente. Sumo Sacerdote, Vítima Pascal, ele encarna a justiça salvadora do Pai e o clamor de libertação e redenção dos homens. Torna-se assim o verdadeiro Cordeiro que tira o pecado do mundo: morrendo destruíu a nossa morte, redimindo-nos do pecado (cf. P 194).

3.2.1.6.2. Sua ressurreição-exaltação

195. *Por isso o Pai o ressuscita, confirma-o Senhor e Filho de Deus e o coloca à sua direita com a plenitude vivificante do Espírito. Ele é constituído Cabeça do Corpo que é a Igreja, Senhor da história e do mundo, sinal e penhor de nossa ressurreição e da transformação final do universo. Por ele e nele o Pai recria todas as coisas. Exaltado na glória, não se aparta de nós: continua a viver em nossas comunidades, principalmente na Eucaristia e na proclamação da Palavra. Está no meio dos que se reúnem em seu nome e na pessoa dos pastores que envia e, num gesto de ternura, quis identificar-se com os mais fracos e mais pobres (cf. P 195-196).*

Em JESUS RESSUSCITADO nasce o HOMEM NOVO, cabeça da NOVA HUMANIDADE. Voltou para o Pai mas PERMANECE conosco.

3.2.1.6.3. Jesus Ressuscitado, Senhor da História

O SENHOR é o centro da humanidade e plenitude dos desejos humanos.

196. *No centro da história humana se implantou, assim, o Reino de Deus em Jesus ressuscitado. A justiça de Deus triunfou da injustiça dos homens. Da história velha do homem decaído passou-se à história nova do homem regenerado por Cristo, que, pela eficácia do Espírito, coloca os homens em comunhão e participação com a própria vida de Deus. É esta a boa nova que anunciamos (cf. P 197).*

3.2.1.7. O Pai e Jesus enviam seu Espírito

3.2.1.7.1. O Espírito Santo é o Espírito de Jesus

O ESPÍRITO SANTO opera a obra salvadora de Jesus na comunidade.

197. *O primeiro dom do Pai com Cristo ressuscitado aos Apóstolos é o Espírito Santo, tantas vezes prometido. Por ele Jesus continua sua presença salvadora no mundo, pois o Espírito Santo é a alma da comunidade daqueles que nele crêem, isto é, a Igreja. A Bíblia não nos fala tanto do seu ser, mas sim descreve o seu agir: é o Espírito Santo que faz reviver e recriar a atitude de Jesus (cf. Jo 16,12-*

15); ele renova na fração do pão o mistério pascal de Jesus; ele cria a união entre os irmãos, do mesmo modo que reunia os discípulos ao redor de Jesus. É o Espírito da verdade que nos liberta, conduzindo-nos à verdade total; dentro de nós dá testemunho de que somos filhos de Deus e de que Jesus ressuscitou e é o "mesmo ontem, hoje e através dos séculos" (Hb 13,8). Assim ele é o nosso principal Evangelizador (cf. P 202; 198).

3.2.1.7.2. A ação do Espírito Santo hoje

198. *O Espírito Santo é a vida de Deus em nós, a água que jorra da fonte, Cristo, que faz renascer os que morreram pelo pecado. É ele que nos atrai para Deus, suscita nossa oração, faz-nos viver os mistérios de Cristo na Liturgia; suscita na vivência da mesma Liturgia uma criatividade fecunda, e inspira as várias modalidades de viver o Evangelho. É o mesmo Espírito que nos faz odiar o pecado, sobretudo combatê-lo num momento de tanta corrupção e desorientação como o atual. A renovação dos homens, e conseqüentemente da sociedade, vai depender, em primeiro lugar, da ação do Espírito de*

Com sua ação santificadora o Espírito Santo nos reúne para agir conforme o plano de Deus.

Deus em nós e por nós. As leis e estruturas deverão ser animadas pelo Espírito que vivifica os homens e faz com que o Evangelho se encarne na história (cf. P 203; 199).

3.2.1.7.3. Espírito que reúne na unidade e enriquece na diversidade

Com a diversidade dos dons do Espírito Santo, a comunidade é edificada na UNIDADE.

199. *Deus não faz acepção de pessoas: a ação evangelizadora dirige-se a todos os homens indistintamente para torná-los filhos de Deus. Para isso, o Espírito Santo suscita na Igreja ministérios e instituições. O Espírito Santo unifica na comunhão e no ministério e provê com dons hierárquicos e carismáticos a toda a Igreja através dos tempos, vivificando as instituições eclesiásticas (cf. AG 4). Hierarquia e instituições são instrumentos do Espírito e da graça. Os dons e carismas provêm dele, mas especialmente os "dons maiores" da fé, esperança e caridade, e estão a serviço do Cristo e da Igreja, que é assim edificada.*

200. *Sem o Espírito não há Igreja; em sua ação missionária ela age, como Cristo, impulsionada pelo Espírito. A experiência do Espírito na caminhada da História constitui um dos fundamentos da Igreja (cf. P 205-208; LG 4; AG 4).*

Com o impulso missionário, o Espírito Santo constrói a Igreja.

3.2.1.8. O Deus revelado em Jesus Cristo e no Espírito Santo: um Deus de comunhão e participação

201. *A ação salvífica de Jesus, Filho de Deus, e a ação do Espírito Santo nos revelam concretamente quem é Deus. Ele é Pai de bondade e fonte de toda vida e santidade; é um Deus que se revela e se comunica: revela-se em Jesus Cristo, seu Filho, Palavra eterna feita carne, e se revela no Espírito, Amor e Comunhão do Pai e do Filho, pelo qual Deus entra em comunhão conosco e nos ama.*

Revelação da VIDA TRINITÁRIA como FONTE e META de nossa vida.

202. *Deus, portanto, é comunhão, onde tudo é vida, onde todas as relações são de igualdade e de mútua abertura. Deus é protótipo daquilo que devemos ser como sociedade, pois somos criados à imagem e semelhança de Deus. Este Deus-Comunhão de*

A comunhão trinitária vivida pela Igreja como modelo de convivência social.

Pai, Filho e Espírito Santo quer nos inserir sempre mais em sua comunhão: é o que se chama comunhão trinitária, a estender-se em todas as dimensões da vida, inclusive econômica, social e política. Nossas comunidades eclesiais, vivendo intensamente a comunhão trinitária, devem esforçar-se por constituir para nosso país um exemplo de convivência, onde consigam unir-se a liberdade e a solidariedade, autoridade e serviço; onde se ensaiem formas de organização e estruturas de participação capazes de suscitar um tipo mais humano de sociedade. Nossas comunidades eclesiais devem testemunhar, sobretudo, que sem uma comunhão com Deus em Jesus Cristo, qualquer outra forma de comunhão puramente humana acaba se tornando incapaz de sustentar-se e termina fatalmente voltando-se contra o próprio homem. E é nisto justamente que o Reino de Deus encontra sua plena realização: a humanidade e cada pessoa como templo de Deus Pai, Filho e Espírito Santo (cf. P 214-215; 273).

3.2.2. A verdade sobre a Igreja

Introdução: **Jesus, fundador da Igreja como sinal do Reino**

203. *Nosso povo tem a intuição profunda de que a presença de Jesus na História é inseparável da presença da Igreja que o evangeliza. De fato: a Igreja é inseparável de Cristo. Ele fundou-a sobre Pedro, cabeça dos doze, como sacramento universal e necessário da salvação. Foi uma ação direta do Senhor, convocando os discípulos, outorgando-lhes seu Espírito, dotando a comunidade nascente de elementos essenciais, que deu origem a uma instituição divina. Aceitar Cristo é aceitar a Igreja. Isto faz parte do Evangelho, e nós o professamos ao dizer: "creio na Igreja una, santa, católica e apostólica". Ela é depositária e transmissora do Evangelho, prolongando na terra a ação evangelizadora de Jesus. Ela é única: o Senhor a chama "minha Igreja" (Mt 16,18). Daí a imensa graça e responsabilidade da vocação à Igreja Católica (cf. LG 14; P 220-225).*

Jesus fez nascer a Igreja.

Aceitar Cristo é aceitar a Igreja.

204. *A mensagem de Jesus é o Reino que nele mesmo se torna presente e chega até nós; embora seja inseparável da Igreja, o Reino transcen-*

Relação entre Reino de Deus e Igreja.

de os limites visíveis dela; ele se realiza onde Deus está reinando pela graça e pelo amor, vencendo o pecado, estabelecendo comunhão, mesmo no coração de quem se acha fora do ambiente perceptível da Igreja.

A Igreja é o Reino de Deus em germe, que vai crescendo.

205. Ela é anunciadora, instrumento e sinal do Reino. Nela se manifesta visivelmente o que Deus realiza silenciosamente no mundo inteiro: a convocação de todos os homens para um crescimento de comunhão entre si e com ele. "Germe e princípio do Reino", sob o influxo do Espírito, a Igreja deve crescer, aperfeiçoar-se sob muitos pontos, necessitando de constante evangelização, conversão e purificação (cf. LG 5; P 226-231).

3.2.2.1. A Igreja, Povo de Deus

Missão Universal da Igreja. Ela é um Povo SALVO por graça AINDA EM BUSCA e POSTO PARA SERVIR.

206. Prefigurada já no Antigo Testamento pelo Povo eleito, a Igreja é o Povo de Deus caminhando para seu Senhor. É um povo universal, não depende de raça, idioma ou qualquer particularidade humana. Nasce de Deus pela fé. Encarna-se em todos os povos, "fomenta e assume, e, ao assumir, purifica e eleva todas as capacidades, riquezas e costumes dos povos no que têm de bom" (LG 13 b); não é massa,

mas fermento. É um povo de redimidos pelo sangue de Cristo, um povo em marcha, chamado para levar a todos os homens a libertação definitiva que, acontecendo já na história, terá sua plenitude somente na eternidade. É um povo de servidores, no qual cada um desempenha sua função para o crescimento de todos (cf. LG 9-17; P 232-237).

3.2.2.2. A Igreja, comunidade a serviço da salvação do mundo

207. *A Igreja existe por causa de sua missão: salvar. Ela mesma é fruto de salvação, pois nasceu do lado aberto de Cristo na Cruz. Nascida como primeiro fruto dos acontecimentos pascais, ela é enviada a salvar, torna-se sinal de Cristo entre os homens, meio necessário de salvação, sacramento original e universal da redenção de Cristo, porque expressa e realiza o encontro de Deus com os homens. Para isso ela é induzida pelo Espírito Santo, dotada da Palavra, dos Sacramentos e de Ministérios.*

A razão de ser da Igreja é expressar e realizar a SALVAÇÃO.

208. *A Igreja, como instituição salvífica, se caracteriza por estas notas:*

a) É divina, mas está no mundo:
    A Igreja tem uma missão de

Características da Igreja: É de Deus, mas está no mundo.

diaconia, de serviço, em relação ao mundo, para levá-lo a Deus, através da pregação, dos sacramentos e da atuação da caridade (cf. Jo 17,11-19).

Ligada à Tradição Apostólica, e sempre atual.

209. *b)* É apostólica e atual: *fundada sobre os Apóstolos, a Igreja continua hoje; nela o velho e o novo estão em contínua tensão, originando formas sempre renovadas de adaptação aos tempos, permanecendo fiel às suas origens. A apostolicidade da Igreja exige uma dupla fidelidade: à doutrina apostólica que nos é transmitida pelas Escrituras inspiradas, e aos Bispos, presididos pelo Papa, como sucessores dos Apóstolos e legítimos intérpretes de sua doutrina. É apostólica, também, porque quer reproduzir duas características dos Apóstolos: ficar com Jesus e pregar (Mc 3,14). Toda a Igreja é chamada a realizar a "Tradição": unir passado, presente e futuro num enriquecimento contínuo; o que foi recebido pelos Apóstolos foi enriquecido pelas gerações cristãs nestes 20 séculos, e a nossa ge-*

ração está dando também a própria contribuição: é a juventude perene da Igreja (cf. P 1178).

210. c) É católica e local: *a Igreja é católica, isto é, universal, por causa de sua missão de reunir todos os homens em Cristo; por isso, as dimensões "católica e missionária" são inseparáveis. A Igreja de Cristo está verdadeiramente presente em todas as legítimas comunidades locais de fiéis que, unidas com seus pastores, são chamadas, também no Novo Testamento, de "Igrejas". Nestas comunidades, embora muitas vezes pequenas e pobres ou vivendo na dispersão, está presente Cristo, por cuja virtude se faz presente a Igreja una, católica e apostólica. A catolicidade da Igreja é também manifestada pela variedade de suas Igrejas particulares ou Ritos, com suas próprias instituições, ritos litúrgicos, tradições eclesiásticas e disciplinas, mas unidos pela mesma fé, pelos mesmos sacramentos e pelo mesmo su-*

É universal como a sua missão, mas encontra-se e opera verdadeiramente na Igreja particular, presidida pelo Bispo com seu Presbitério.

Pequenas comunidades como lugares privilegiados de vivência eclesial.

cessor de Pedro. A Igreja local é presidida pelo Bispo, princípio visível e fundamento da unidade de sua diocese, portador da plenitude do sacerdócio; em sua missão ele é auxiliado pelos presbíteros. Integrados neste Povo Universal, as CEBs, verdadeira esperança da Igreja, tornam possível uma intensa vivência da realidade da Igreja como família de Deus. Fazem experiência de novas e mais profundas relações interpessoais na fé, de aprofundamento da Palavra de Deus, de participação na Eucaristia, de comunhão com os pastores da Igreja particular e de um maior compromisso com a justiça na realidade social dos ambientes em que vivem (cf. LG 26, 23; AG 20; P 645; 261-262; 239; 640; 629; OE 1, 2).

É una, por causa da mesma fé.

A unidade realiza-se na multiplicidade. O Papa como fundamento da unidade.

211. *d)* É una e múltipla: *ela é una pela aceitação do mesmo ensinamento apostólico, pela caridade e pela vida fraterna que tornam seus cargos não títulos de honra, mas de serviço; é una, principalmente pelas cele-*

brações, mormente a Eucaristia. Mas a Igreja é também múltipla, pois a Igreja universal e una se realiza nas Igrejas particulares. A unidade da Igreja universal é garantida pelo Papa, perpétuo e visível princípio e fundamento da unidade da fé e comunhão, sucessor de Pedro e vigário de Cristo, e cabeça visível de toda Igreja (cf. LG 18-23).

212. *e)* É santa e pecadora: *a Igreja é santa porque Jesus Cristo, o Justo e Santo, amou-a e santificou-a com sua entrega total; é santa por causa do Espírito Santo santificador, que é sua alma, por causa de seus dons, dos sacramentos e da caridade. Todos somos chamados a esta santidade. Mas a Igreja é também peregrina, está a caminho daquilo que será na consumação dos tempos; ela carrega em si ainda a marca do pecado, pois é feita de pecadores (cf. LG 11,32, 39-40; P 250, 251; 266).*

É santa, pois Jesus Cristo a santifica pela ação do Espírito Santo, mas traz ainda a marca do pecado.

3.2.2.3. A Igreja, sacramento de comunhão

3.2.2.3.1. A dimensão comunitária da Igreja

Estamos a serviço da Unidade.

213. *A Igreja, como sacramento universal da salvação, está inteiramente a serviço da comunhão dos homens com Deus e do gênero humano entre si. Ela evangeliza, em primeiro lugar, mediante o testemunho global de sua vida. Assim, na fidelidade à sua condição de sacramento, trata de ser mais e mais um sinal transparente ou modelo vivo da comunhão de amor em Cristo, que ela anuncia e se esforça por realizar.*

Para isso damos testemunho, vivendo a fé em comunidade. O Batismo nos introduz na comunidade de fé, onde se manifesta o SENHOR RESSUSCITADO.

214. *A fé sempre é vivida e transmitida dentro de uma comunidade: por isso a Catequese é obra de toda comunidade. Cada membro da Igreja nasce para Deus, mediante o Sacramento do Batismo. Pela água, pela Palavra, pelo Espírito Santo e pela adesão da pessoa à fé e à comunidade cristã, inicia-se o processo de conversão permanente do cristão ao Senhor; ao mesmo tempo, começa a participar, como membro da Igreja, na realização do Projeto Libertador de Deus na história.*

215. *Como batizados, sentimo-nos atraídos pelo Espírito de Amor, que nos impele a sair de nós mesmos, a abrir-nos para os irmãos e a viver em comunidade. Na união entre nós, torna-se presente o Senhor Jesus Ressuscitado, que celebra sua Páscoa no meio de nós. A experiência de comunidade de fé se concretiza de modo crescente na família, nas pequenas comunidades eclesiais, nas paróquias que, em comunhão com o Bispo, formam a Diocese (LG 1; P 272; 564; 565; 639-647).*

3.2.2.3.2. A dimensão comunitária e o pecado

216. *A Igreja, ao concretizar historicamente sua missão de ser sinal de comunhão e sacramento da salvação, é dificultada pela ação do pecado que impede constantemente nosso crescimento no amor e na comunhão. A marca do pecado se encontra tanto nos corações dos homens como nas diversas estruturas por eles criadas. É importante reconhecer tanto a forma do pecado pessoal como a do pecado social. Este é o egoísmo e a injustiça que se cristalizam nas instituições e nas leis da sociedade, criadas para satisfazer*

A presença marcante do pecado é obstáculo para a comunhão, e por isso exige constante CONVERSÃO.

aos interesses de alguns em detrimento de muitos outros. São pecados diretamente contrários à verdadeira comunhão fraterna. Por isso, a primeira opção pastoral da Igreja é a conversão cada vez mais profunda ao Evangelho. De fato, animados pelo Espírito Santo, esperamos superar as estruturas do pecado na vida pessoal e social e obter a verdadeira libertação que vem de Jesus Cristo (cf. P 281; 973).

3.2.2.3.3. A dimensão comunitária e ecumênica

As divisões entre os cristãos e o MOVIMENTO ECUMÊNICO.

217. *O Cristo Senhor fundou uma só e única Igreja. Todavia, são muitas as Confissões cristãs que reinvindicam para si o título de verdadeira Igreja de Jesus Cristo. Esta divisão contradiz a vontade de Cristo, é escândalo para o mundo e prejudica a pregação do Evangelho. No entanto, por obra do Espírito Santo, surgiu na Igreja o movimento ecumênico, visando edificar em Cristo a unidade de todos os cristãos, e dele todos nós somos chamados a participar.*

Dimensão ecumênica da Catequese.

218. *Teremos verdadeiro espírito ecumênico se nós, sem deixar de professar que a plenitude das verdades reveladas e dos meios de salvação ins-*

tituídos por Cristo permanece na Igreja Católica, vivemos nossa fé com sincero respeito, em palavras e obras, para com as outras Igrejas e comunidades cristãs.

3.2.2.4. Os Sacramentos, ações de Cristo na Igreja

219. *Expressamos nossas relações com Deus através das pessoas, gestos, palavras, sinais, símbolos, silêncio; Deus igualmente os utiliza querendo se comunicar conosco. Toda a criação é uma mediação, símbolo e sinal da manifestação de Deus. E o homem, através dela, chega ao conhecimento básico do Senhor.*

O homem é um ser sacramental: exprime-se através de símbolos e sinais.

220. *Jesus Cristo, Mediador supremo entre Deus e os homens, é o mais perfeito e cabal SINAL SENSÍVEL e EFICAZ da ação salvadora de Deus. Ele é a "imagem do Deus invisível" (Cl 1,15). Portanto, ele é o Sacramento Primordial do Pai. Cristo Jesus, após realizar historicamente a obra de nossa libertação e da perfeita glorificação de Deus através de sua morte e ressurreição, enviou, com o Pai, o Espírito Santo à sua Comunidade-Igreja, e por ela ao mundo. Assim vivificada continua-*

Jesus, pela sua PÁSCOA, tornou-se o SACRAMENTO DO PAI.

A Igreja é o SACRAMENTO de Cristo.

mente pela presença libertadora do Senhor Ressuscitado, a Igreja é o Sacramento de Cristo, para comunicar a vida nova e propor o Projeto de Deus aos homens e ao mundo, sendo ao mesmo tempo sinal e testemunha.

Os sete Sacramentos como realização do grande sacramento CRISTO-IGREJA.

221. Toda ação da Igreja para o serviço do Reino participa, de certa forma, da sua sacramentalidade. Mas, entre os múltiplos gestos da Igreja que são sinais visíveis da presença da graça do Cristo entre os homens, a Igreja reconhece sete sacramentos propriamente ditos. Cada um deles atualiza de modo original e específico a ação da graça para uma determinada situação da vida humana: Batismo (nascimento, entrada na vida divina e na Igreja); Eucaristia (alimentação da vida cristã, participação no mistério da morte-ressurreição do Senhor); Confirmação ou Crisma (participação do Espírito na missão comunicada à Igreja no dia de Pentecostes; testemunho da fé no Cristo Ressuscitado); Reconciliação ou Penitência (celebração do perdão após o pecado); Unção dos Enfermos (presença da graça no sofrimento, doença, morte); Ordem (serviço cristão especial, administração dos Sacramentos) e Matrimônio (amor conjugal, estabelecimento da família cristã).

3.2.2.5. Os Sacramentos numa perspectiva integral

222. *Sendo os Sacramentos sinais sensíveis e eficazes da graça, visam sim, à nossa santificação, à construção da Igreja, ao culto a Deus, mas vão mais longe, devendo repercutir de forma dinâmica e libertadora nas relações interpessoais, na estruturação mais justa da sociedade e na ação do homem sobre a história e o mundo. Por serem sinais e símbolos, requerem uma iniciação, uma instrução, para serem devidamente compreendidos e vividos. Supõem a fé, mas ao mesmo tempo a alimentam, fortalecem e exprimem. Conferem a graça, mas simultaneamente nos preparam, para que estejamos dispostos a acolhê-la melhor, tornando-se assim cada vez mais eficaz em nós.*

Sacramentos como santificação do HOMEM e glorificação de DEUS, alimento e instrução da Fé.

223. *Os sacramentos possuem eficácia santificadora porque prolongam, por instituição divina, o mistério pascal, morte e ressurreição do Senhor. Neste sentido, todos eles — não somente a Eucaristia — são o memorial da morte e ressurreição. Porque "memorial", evocam o acontecimento salvífico, fazem-no presente à nossa fé como mistério sempre atual e eficaz à espera da realização futura do*

Os Sacramentos têm sua fonte na PÁSCOA de Cristo, cuja memória realizam.

Reino. No entanto, os sacramentos não produzem efeitos mágicos. Supõem, nos que os recebem, disposições interiores. Assim, a fé em Jesus Cristo é exigida, fundamentalmente, para o Batismo e deve prolongar-se em todos os demais sacramentos. A conversão sincera e a confissão dos pecados são indispensáveis na Penitência. A pureza da consciência exige-se na participação, principalmente, da Eucaristia. E a intenção de efetuar um contrato uno e indissolúvel em ordem à geração de novas vidas, é imprescindível no matrimônio (cf. P 920-923; SC 38).

3.2.2.6. Igreja, Sacramentos e Liturgia

A LITURGIA como celebração dos Sacramentos: ação de Cristo, celebração da vida, fonte e ápice da vida eclesial.

224. *Constituída em seu núcleo central pela celebração dos Sacramentos (o que supõe também a celebração da Palavra de Deus), a Liturgia é vivida também nos sacramentais, na Liturgia das Horas e nas orações comunitárias do Povo de Deus. A Liturgia, como ação de Cristo e da Igreja, é o exercício do Sacerdócio de Jesus Cristo. Assim, nossa oração unida à de Cristo constitui-se como culto público e integral a Deus. A Liturgia é o ápice e a fonte da vida da Igreja, um encontro*

com Deus e os irmãos. Nela celebramos o mistério da presença operante de Deus em nossa caminhada, a ação de Deus em nosso dia-a-dia, o esforço de libertação total. Por isso, ela é também força em nosso peregrinar, para que levemos a bom termo, mediante o compromisso transformador da vida, a realização plena do Reino, segundo o plano de Deus (cf. SC 5, 6, 7; P 917-918; SC 10).

225. *A nossa Liturgia organiza e vive a celebração dos grandes mistérios da fé através do ano Litúrgico, tendo como centro e fundamento a celebração da PÁSCOA. Na veneração dos Santos, particularmente de Maria, a Igreja celebra o mistério pascal vivido por eles e proposto para nós como exemplo (cf. SC 102-104).*

O ANO Litúrgico: celebração do mistério de CRISTO.

3.2.2.7. A Eucaristia, centro de toda a vida sacramental

226. *A Eucaristia é a renovação da Aliança do Senhor conosco, seu Povo; perpetua o sacrifício da Cruz, realizando de modo contínuo a obra da Redenção; é sacramento de piedade, sinal de unidade, banquete pascal, em que Cristo nos é dado, força para nos-*

O significado central da Eucaristia para a comunidade cristã.

A Eucaristia e a prática da justiça.

sa caminhada, prelibação dos bens futuros. Ela contém todo o bem espiritual da Igreja e a ela se ordenam todos os demais sacramentos e todos os ministérios eclesiais. Por ela deve iniciar-se toda a educação ao espírito comunitário, pois significa e realiza a unidade da Igreja. Por ela a Igreja continuamente vive e cresce, fazendo acontecer sempre mais a Aliança em Cristo com Deus e provocando-nos para o amor-justiça, tanto para a partilha dos bens e dos dons, como para a entrega de nós mesmos, até ao martírio, se preciso for, a exemplo do Mártir Maior, Jesus Cristo.

227. Por isso, a Eucaristia é o centro e o ponto culminante de toda a vida sacramental, fonte e ápice de toda a vida cristã e de toda a evangelização, raiz e centro da comunidade cristã.

A Eucaristia como DOM e como META.

228. Como fonte, a Eucaristia é dom inesgotável de Deus; como ápice, é a meta proposta de toda a comunidade. Entre o dom e a realização do ideal, há uma caminhada a ser feita pelos cristãos: é o caminho da integração fé-vida, da realização da "comunhão" no dia-a-dia, é a celebração da Liturgia da vida.

229. *Assim a comunidade cristã se esforçará para celebrar a Eucaristia principalmente no domingo, como Dia do Senhor, celebração da Páscoa semanal, fundamento e núcleo do Ano Litúrgico (cf. SC 106). Esse dia deve ser guardado como de preceito e celebrado com particular solenidade (cf. Cân 1246 e 1247). Também quando os fiéis se reúnem sem padre, em nossas comunidades, para celebrar o Dia do Senhor, alimentando a sua vida cristã com o Pão da Palavra de Deus, estão unidos à celebração da Eucaristia na Paróquia. Cresce essa união e participação real através da atuação dos Diáconos Permanentes e dos ministros não ordenados, autorizados a conservar e distribuir a Sagrada Comunhão às pessoas devidamente preparadas.*

A celebração da Eucaristia dominical.

3.2.2.8. Maria, Mãe de Deus e modelo da Igreja

230. *Não se pode falar de Igreja sem que esteja presente Maria. Esta verdade é testemunhada pelas nossas comunidades de fé, para as quais Maria é a realização mais alta do Evangelho, o grande sinal, com rosto materno e misericordioso, da proximidade do Pai e de Cristo, com quem ela nos convida a entrar em comunhão.*

Maria e a Igreja.

A identificação de nosso povo com Maria.

Em suas alegrias e sofrimentos o nosso povo se identifica profundamente com Maria, de modo que ela se torna a mediação mais completa da vivência evangélica. A Igreja, instruída pelo Espírito Santo, venera Maria como Mãe muito amada com afeto e piedade filial. A sagrada Escritura mostra como em Maria se instaura a vitória definitiva sobre o demônio (cf. Gn 3,15). Ela é a nova Eva, que no "sim" obediente (cf. Lc 1,38) vence o "não" da primeira Eva. É a primeira a crer (cf. Lc 1,45) e misteriosamente é associada à Redenção (Jo 2,1-11; 19, 25-27).

Mãe de Deus e da Igreja.

231. *Maria é Mãe de Deus, Mãe de Jesus Cristo no seu "sim" da anunciação. É Mãe da Igreja, porque é Mãe de Cristo, Cabeça do Corpo Místico. Além disso, é nossa Mãe, por ter cooperado com seu amor no momento em que do coração trespassado de Cristo nascia a família dos redimidos; por isso, é nossa Mãe na ordem da graça.*

Maria e a Evangelização.

232. *Maria não vela apenas pela Igreja: tem coração tão grande quanto o mundo, e intercede ante o Senhor da História por todos os povos. Enquanto peregrinamos, Maria será a Mãe e a educadora da fé. Ela cuida*

para que o Evangelho penetre intimamente em nossa vida e nossa cultura, e produza em nós frutos da santidade.

233. *Maria é modelo de vida cristã, pois toda a sua existência é uma plena comunhão com o Filho, uma entrega total a Deus em todos os seus caminhos, numa união única que culmina na glória. Acreditou com uma fé que foi dom, abertura, resposta, fidelidade. O "Magníficat" espelha sua alma vazia de si mesma e plena de confiança no Pai. É o poema da espiritualidade dos pobres de Javé e do profetismo da Antiga Aliança; modelo daqueles que não aceitam passivamente as circunstâncias adversas da vida pessoal e social, e não são vítimas da alienação, mas antes proclamam com ela que Deus exalta os humildes e depõe do trono os soberbos.*

Modelo de Fé.

234. *Sua Virgindade, amordoação ao Senhor, foi inseparável da fé, pobreza, obediência, e assim tornou-se fecunda pelo Espírito Santo. No mistério da Igreja, esta Virgindade materna reúne duas realidades: Maria é toda de Cristo e toda servidora dos homens. Assim quer ser a Igreja: unida a Cristo e Mãe de todos os homens.*

Sua Virgindade consagrada é modelo de doação.

IMACULADA e ASSUNTA, ela é a realização perfeita do projeto de Deus sobre a humanidade.

235. *A Imaculada Conceição nos apresenta a face do homem redimido, em que se refaz mais misteriosamente ainda o projeto do paraíso. A Assunção manifesta o destino do corpo santificado pela graça, a criação material participando do corpo ressuscitado de Cristo, e a integridade humana, corpo e alma, reinando após a peregrinação da história.*

236. *Em Maria, o Evangelho penetrou a feminilidade, remiu e exaltou-a, dignificando extraordinariamente a mulher. Maria é bendita entre todas as mulheres.*

ESPERANÇA nossa, para ela volvemos o olhar.

237. *Enquanto em Maria a Igreja já atingiu a perfeição pela qual existe sem mácula e sem ruga, em nós, cristãos, ela ainda se esforça para crescer em santidade, vencendo o pecado. Por isso, eleva seus olhos a Maria que refulge para toda a comunidade dos eleitos como exemplo de virtude (cf. MC 28; P 282; 286-290; 292-294; 296-299; LG 65).*

3.2.3. A verdade sobre o homem

3.2.3.1. O homem renovado em Jesus Cristo

238. *Deus criou o homem para que participasse da comunidade divina de amor. Pelo pecado, ele se afastou de Deus, mas Jesus Cristo o resgatou, fez dele uma nova criatura, filho de Deus, irmão de todos os homens, senhor do universo e herdeiro da vida eterna. Assim, Jesus Cristo, Redentor do mundo, impregnou de maneira tão singular a humanidade, que só no mistério do Verbo encarnado se esclarece verdadeiramente o mistério do homem. O Filho de Deus, fazendo-se homem, uniu-se de certo modo a cada homem (cf. P 182, 322; RH 8; GS 22).*

Por Cristo e em Cristo ilumina-se o mistério do HOMEM.

3.2.3.2. O homem, cooperador de Deus no plano da salvação

239. *A vida do homem é dom de Deus, mas é também compromisso, pois Deus, que nos criou sem nossa participação, não nos salva sem nossa cooperação (Sto. Agostinho). Ao longo da história da salvação, Abraão e Moisés, Davi e os Profetas, Maria e os Apóstolos, todos os cristãos, a Igreja*

A salvação é dom de Deus e resposta do Homem.

inteira, respondendo livremente ao apelo de Deus, tornaram-se seus colaboradores para a salvação da humanidade. Também nós, hoje, somos chamados a nos tornar co-responsáveis da nossa libertação e do nosso destino. Temos consciência que mesmo esta capacidade de responder e colaborar com nossa salvação, é igualmente dom do amor de Deus por nós.

3.2.3.3. Grandeza da liberdade humana e cristã

Somos livres em Jesus Cristo para a prática do AMOR.

240. *Nós fomos dotados por Deus com o dom da liberdade, o que dignifica sobremaneira nossa condição humana. Ferida pelo pecado, nossa liberdade foi redimida por Cristo; ele restaurou a dignidade original que tínhamos recebido ao sermos criados por Deus à sua imagem. É o amor de Deus que nos dignifica radicalmente; em nós ele se traduz necessariamente em comunhão com os outros homens e participação fraterna. Por isso, a exemplo de Jesus Cristo, nosso amor se manifesta concretamente para com os injustiçados e no esforço de libertação dos oprimidos (cf. P 331, 324, 327).*

3.2.3.4. Dignidade da consciência moral

241. *Iluminados pelo Evangelho, revalorizamos os grandes traços da verdadeira imagem do homem e da mulher. Sendo todos fundamentalmente iguais, membros da mesma estirpe, apesar da diversidade de sexos, línguas, culturas e formas de religiosidade, temos por vocação um único destino. Nesta pluralidade, cada pessoa tem sua missão e seu valor irrepetíveis no destino comum. Embora condicionado por processos sociais, econômicos e políticos, o homem não está a eles submisso, mas tem a missão de humanizá-los. Está, ao invés, submisso a uma lei moral que vem de Deus e capacita a consciência dos indivíduos e povos a viverem a liberdade verdadeira dos filhos de Deus (cf. P 334-335; GS 16; IM 6).*

> Somos os responsáveis, pelo nosso destino, por uma lei posta por Deus no coração. Obedecer a ela dignifica o Homem.

3.2.3.5. O pecado do homem

242. *Quando o homem age contra sua consciência e contra Deus, ele peca, ofende a Deus e degradando-se a si mesmo. É o maior dano que a pessoa pode causar-se a si mesma e aos demais, pois o pecado pessoal*

> Os efeitos do pecado em nível pessoal e social.

sempre tem conseqüência também em nível social (cf. nº 182-183). As situações de pecado corróem a dignidade do homem, são causa da miséria e escravidão, raiz e fonte de opressão, injustiça e discriminação, limitam a liberdade de todos (cf. P 328, 330, 73, 70, 186, 517).

3.2.3.6. Reconciliação com o Pai em Cristo

Pelo MISTÉRIO PASCAL, Cristo nos reconciliou com o Pai e continua hoje sua obra de RECONCILIAÇÃO.

243. *Quem nos pode libertar dessa condição de pecado? Jesus Cristo, assumindo todas as nossas situações, carregou o peso de nossos pecados e quis ser a vítima decisiva da injustiça e do mal deste mundo. Através de sua morte e ressurreição, ele nos deu a vida divina: "Morreu pelos nossos pecados e ressuscitou para nossa justificação" (Rm 4,25). Ele permanece vivo e atuante em sua Igreja (sobretudo entre os mais pobres), continuando a obra de nos reconciliar com o Pai. De fato, através do Espírito Santo que ele infundiu em nossos corações, podemos chamar a Deus de Pai e nos tornamos radicalmente irmãos. Ele nos faz tomar consciência do pecado contra a dignidade humana, contra o universo, contra o Senhor. Fortifica também nos-*

sa liberdade, para que possamos reconciliar-nos conosco, com os outros, com a natureza e com ele, através da Igreja. Esta reconciliação através da Igreja, é o sinal de nossa reconciliação com o Pai: é o sacramento da reconciliação ou penitência que faz chegar ao homem o amor-misericórdia de Deus e o perdão dos outros. Nesse processo, a libertação do pecado exige também a coerência na libertação das conseqüências do pecado em nosso íntimo, em nossa interrelação com os outros e na maneira como estruturamos a sociedade (tantas vezes estruturada a partir e em função do pecado). Assim terá sentido nossa oração: "Perdoai as nossas ofensas, como nós perdoamos a quem nos tem ofendido" (cf. P 194, 329, 330; RH 1).

3.2.3.7. O mistério da morte e da vida eterna

244. O Filho de Deus, encarnando-se, assumiu a condição humana, menos o pecado, para levá-la à plenitude. Neste processo, ele assumiu e superou os sofrimentos e a morte. A Igreja celebra a vitória de Cristo sobre a doença e a morte, com o sacramento da Unção dos Enfermos, enraizando-as

Unção dos Enfermos: presença salvadora de Cristo em situações de enfermidade.

na Cruz-Ressurreição e projetando-as para a felicidade eterna. Com este Sacramento, a força da graça alivia o sofrimento, santifica o enfermo e lhe dá coragem para a luta contra a doença, anunciando a vitória pascal da morte cristã.

A morte do cristão é iluminada pela luz da Ressurreição de Jesus.

Possibilidade de nossa salvação ou condenação eterna.

245. *Jesus Cristo, assumindo a morte, destruiu a nossa; destruindo em nós o pecado, salvou-nos da morte eterna. O plano de nossa salvação não se detém na redenção do pecado, mas confere uma graça superabundante em relação à condenação trazida pelo pecado (cf. Rm 5,17). Assim, sabemos que, embora submetidos à morte física, pela força da vida divina que nos foi dada no Espírito Santo, somos destinados à vida eterna. Deus, no entanto, respeita nossa liberdade, se não queremos aceitar o seu amor e a sua proposta de salvação, e livremente nos afastamos de seu caminho. O homem que faz esta opção radical e morre nesta situação, permanece eternamente afastado de Deus: é o que chamamos de inferno ou morte eterna, isto é, a total frustração da vida humana, devido à perda do amor de Deus. Esforçando-nos por viver as exigências do Reino, após a morte passando pela purificação (purgatório) quando necessário, somos confirmados no amor de Deus:*

é a bem-aventurança eterna. Nela viveremos em plenitude com Deus aquela vida de comunhão que, em germe, agora procuramos viver com os irmãos. Por isso, nossa vida mortal "não nos é tirada, mas transformada, e desfeita nossa habitação terrena nos é dada nos céus uma eterna mansão" (cf. DCG 62; prefácio litúrgico).

3.3. Os compromissos do cristão

3.3.1. A fé, resposta do Homem a Deus, expressa na fraternidade e no culto

246. *A fé cristã é nossa resposta livre e pessoal à Palavra de Deus, que nos interpela em Jesus Cristo; a obediência da fé é nossa total adesão à vontade de Deus. Pela fé colocamos o fundamento último de nossa existência em Deus; ela é também adesão da inteligência que, através de sinais e palavras, chega às realidades que não se vêem (Hb 11,1).*

A fé como adesão da vontade e da inteligência.

247. *A nossa resposta de fé é, antes de tudo, obra de Deus, não só porque Deus tem de fato a iniciativa em vir ao encontro das expectativas do homem, mas sobretudo porque o ato mesmo, com o qual o homem acolhe*

É um dom de Deus.

sua Palavra, se encontra sob a moção do Espírito Santo e por isso é fruto da graça.

Fé como EXPERIÊNCIA de Deus nos acontecimentos e nas Pessoas. Sua tarefa crítica. Ela se concretiza no compromisso.

A fé adulta.

248. *Ter fé significa colher nas coisas, acontecimentos e pessoas, o apelo de Deus que oferece sua Aliança de comunhão em Cristo. Longe de se identificar com uma ideologia, a fé cristã é adesão à pessoa de Jesus Cristo, à sua mensagem de libertação e salvação; ela tem uma tarefa crítica e profética diante das situações contingentes da História. Não consiste apenas em adesão a um credo ou princípios morais, mas também e principalmente, em atitudes, ou seja, na adesão a Deus e a seu plano de salvação e no compromisso com os irmãos, incluindo a responsabilidade social. Uma fé pessoal e adulta é operante e constantemente confrontada com os desafios de nossa realidade. É uma fé animada pela caridade (cf. Gl 4,6; 1Jo 4,7-21) e está presente no compromisso social como motivação, iluminação e perspectiva teológica, que dá sentido integral aos valores da dignidade humana.*

O Sacramento da Crisma como expressão da maturidade na fé.

249. *O Sacramento da Crisma ou Confirmação conferido na adolescência, juventude ou começo da idade adulta, por motivos pastorais, significa*

uma confirmação da fé batismal. O cristão, fortalecido pelo dom do Espírito Santo que recebe no sacramento, assume consciente, esclarecida, coerente e generosamente, de modo pessoal e comunitário, as exigências do Batismo, num compromisso adulto com a comunidade eclesial, presidida pelo Bispo que confere o sacramento, e com a transformação social segundo o Projeto de Deus, numa consagração mais amadurecida do Senhor.

250. *Não se vive a fé apenas individualmente, mas em comunidade; a fé do cristão cresce na medida em que ele caminha com a comunidade na busca e cumprimento da vontade de Deus. Isto exige uma atitude de constante conversão, e por isso ela é a primeira opção de toda a comunidade eclesial. A Catequese existe em função dessa conversão e permanente crescimento na fé.*

Viver a Fé na COMUNIDADE e em contínua CONVERSÃO.

251. *Através de um conjunto de sinais, nós celebramos a fé, na Liturgia, como encontro com Deus e com os irmãos, festa de comunhão eclesial e fortalecimento em nosso caminhar e compromisso de nossa vida cristã (cf. DCG 64; SC 7; P 939, 973; Med 7,10; 713; 10,10; 6,9; 613).*

A Liturgia como celebração da fé.

3.3.2. O cristão na construção da História

Deus nos quer CONSTRUTORES DA HISTÓRIA.

252. *A nossa comunidade transforma-se num lugar onde, vivendo a fé, nos educamos para fazer a História, para levar eficazmente com Cristo a História de nosso povo até ao Reino. Cremos que o projeto de Deus a nosso respeito é que sejamos os construtores da História; assim fugimos da tentação do secularismo, que concebe a construção da História como responsabilidade exclusiva do Homem, e da tentação oposta, dos que crêem não poder e não dever intervir, esperando que só Deus atue e liberte.*

Presença de Deus em nossa História, e suas conseqüências.

253. *Cristo ressuscitado é o Senhor da História. Ele está conosco, e, pela sua presença em nossa História humana, toda ela assume o sentido pleno de realização do desígnio salvador de Deus. Toda ação humana na história tem, assim, uma referência objetiva à salvação.*

Nossas DORES e nossa condição histórica transformadas em fonte de vida nova.

254. *Assumindo sua Cruz, Jesus Cristo converteu seus sofrimentos em fonte de vida pascal. Para que também nós sejamos capazes de transformar nossas dores e as dos nossos irmãos em crescimento para uma sociedade de participação e fraternidade,*

a Igreja precisa educar homens capazes de forjar a História segundo a "práxis" de Jesus, isto é, numa atitude de total confiança e doação ao Pai e de máxima co-responsabilidade e compromisso transformador da História.

255. *Essa atitude eclesial é celebrada e alimentada na Eucaristia. Fazendo memória sacramental do gesto de Cristo que entrega seu corpo e seu sangue pela vida do mundo, a comunidade cristã rememora também o sacrifício de todos quantos, seguindo o seu Mestre, dedicam sua vida à libertação dos irmãos e aprendem a viver cada vez mais plenamente a sua vocação de serviço à libertação total do homem, que tem seu centro e sua fonte na morte e ressurreição do Senhor (cf. P 197, 274-279, 435, 436; ECOP 2).*

As nossas lutas e vitórias celebradas na Eucaristia.

3.3.3. O cristão na comunidade eclesial

256. *A comunidade eclesial, Sacramento do Cristo Salvador no mundo de hoje, é formada de seres ainda em busca da perfeição. Divina, porque obra do Espírito Santo, nela sempre presente, a Igreja é também*

A responsabilidade de todos por um e de cada um por todos na comunidade eclesial.

humana e conseqüentemente pecadora. Enviada a evangelizar e testemunhar o Reino, ela precisa continuamente auto-evangelizar-se e converter-se. O esforço de santificação de cada um e de todos a constrói e a aperfeiçoa. Cada membro do Corpo eclesial é responsável pelo bom andamento do todo (cf. 1Cor 12), e o corpo sadio ajuda o crescimento de cada um. A comunidade cristã primitiva (At 2,42-47; 4,32-35) é modelo para qualquer comunidade eclesial, e, obviamente, para a Catequese renovada.

Cada um é chamado a um SERVIÇO (vocação) dentro da comunidade.

257. *Na comunidade eclesial todos têm a vocação comum de construí-la e de torná-la cada vez mais eficaz em sua missão libertadora e salvadora junto ao mundo. Pelo Batismo e Crisma, cada cristão assume sua fé, sua participação na comunidade, seu engajamento na transformação da sociedade no amor e na esperança. As vocações, no interior da Igreja, realizam a complementariedade de membros do mesmo corpo: uns como leigos, outros como ministros, ordenados ou não, outros como religiosos.*

A ORDEM: Sacramento do serviço profético, sacerdotal e pastoral na Igreja.

258. *O Sacramento da Ordem assinala alguns membros da Igreja com a graça e o caráter específicos e em diversos graus e funções (bispos, pres-*

bíteros, diáconos), destinando-os a certos serviços (ministérios) fundamentais: apascentar o povo de Deus, a exemplo de Jesus, o Bom Pastor, dirigindo e animando as comunidades, garantindo a presença atuante de Cristo pelo anúncio da Palavra e a celebração da Liturgia, especialmente da Eucaristia; e fazer a comunhão vital das comunidades a que servem com a Igreja católica e apostólica. O ministério dos Bispos, presbíteros e diáconos é uma participação especial no sacerdócio de Cristo, participação que difere essencialmente do sacerdócio comum dos fiéis. Os Bispos, possuindo a plenitude da Ordem, e os presbíteros como seus colaboradores imediatos se configuram com Cristo Cabeça e estão a serviço de Cristo na sua função de Chefe da Igreja.

259. *Os religiosos são cristãos com vocação específica, consagrados pelo Senhor para o profetismo da vida cristã, no celibato, na simplicidade de vida, na obediência no sentido evangélico da entrega radical de si ao Senhor e às causas do Reino, testemunhando o absoluto de Deus em suas vidas e na contingência da História (cf. P 644, 648, 853, 690-693; CT 24; LG 10; CNBB, Doc. 20,181).*

Religiosos testemunham uma vivência evangélica radical.

3.3.4. O cristão e a família

Vivemos a fé em primeiro lugar na Família, "Igreja doméstica".

260. *Na família cristã, em seu esforço de ser Igreja doméstica, somos chamados à primeira experiência de comunhão na fé, no amor e no serviço ao próximo. Pela força libertadora do Evangelho, a família cristã torna-se escola do mais rico humanismo.*

O Amor conjugal como COMUNHÃO e PARTICIPAÇÃO profundas.

261. *A lei do amor conjugal é comunhão e participação, e não dominação. O matrimônio deve ser uma exclusiva, irrevogável e fecunda entrega à pessoa amada, sem perder a própria identidade. Tão profunda é esta aliança, que é apresentada como símbolo da união existente entre Cristo e a Igreja (Ef 5,25-33).*

Vivência da sexualidade no matrimônio.

262. *Os cristãos chamados a viverem no Matrimônio devem buscar a plenitude de sua humanidade como expressão do amor mútuo, como colaboração com Deus na transmissão da vida humana, na educação integral da pessoa e como serviço à causa do Reino. Assim, pela vivência da graça matrimonial, denunciam a idolatria do prazer e o fechamento egoístico do casal, ou mesmo da família, que rompem o Sinal do Amor e do Serviço.*

263. *A vida conjugal e familiar não estão isentos de dificuldades. A força do Matrimônio e de outros sacramentos, a força de uma forte espiritualidade conjugal e familiar e o apoio da comunidade cristã, ajudam o casal e a família a superarem, na fé, as várias situações de conflito, de dificuldades na educação dos filhos, de tentações de todos os tipos. Vive-se, assim, concretamente a comunhão com o mistério da paixão-morte-ressurreição (amor-doação de Cristo), na espera da realização plena do amor e da felicidade que se busca no matrimônio e na família (cf. GS 40-50; P 582; 585; 589; 639).*

Dimensão Pascal do Matrimônio.

3.3.5. O cristão e o trabalho

264. *O cristão trabalha, não somente por necessidade, mas para responder conscientemente à ordem do Criador: "Dominai a terra" (Gn 1,28). Esta convicção nos faz perceber que o trabalho humano não é apenas "útil", mas também "digno", ou seja, dignifica o homem e exprime sua dignidade. Assumindo-o como uma vocação, transformamos a natureza sem desrespeitá-la e nos realizamos como pessoas no campo familiar, social, nacional e internacional.*

O trabalho realiza o plano de Deus e dignifica o Homem.

119

O trabalho é para o Homem, e não o Homem para o trabalho.

É um dom que podemos transformar em gesto litúrgico de louvor a Deus.

265. *Quem dá a medida do trabalho é o próprio homem, que é o seu sujeito, autor e fim. Construimos a sociedade sabendo que o trabalho é para o homem e não o homem para o trabalho. Superamos assim qualquer ideologia que queira fazer do trabalho apenas um instrumento de lucro e que leve à dominação e exploração do próprio homem. E isto porque acreditamos que a matéria prima do trabalho nos é dado como dom, pois no princípio do trabalho humano está o mistério da criação, colocada à disposição de todos para usofruto na justiça e fraternidade. E Cristo, que caminha em nosso meio, transforma nosso trabalho em gesto litúrgico, tornando-nos protagonistas com ele na construção da convivência e das dinâmicas humanas, que refletem o mistério de Deus e constituem sua glória vivente. Na Eucaristia, máxima celebração de nossa fé, nos é dado usar os "frutos da terra e do trabalho do homem" (cf. LE 6,7,9,10,12; P 213; GS 67).*

Não se pode atuar o amor fraterno na sociedade atual, a não ser através da Política.

3.3.6. O cristão e a Política

266. *A Igreja sempre deu primazia ao amor fraterno como característica fundamental da vivência da fé no Deus de Jesus Cristo. Devido às condi-*

ções específicas da organização da sociedade no mundo moderno, percebemos que o amor fraterno não pode ser vivido só no âmbito interpessoal, isto é, não se pode viver o amor pelo outro a não ser criando estruturas sociais e promovendo uma política global, que permita de fato reconhecer os direitos de cada pessoa e garantir as condições de vida que a dignidade humana exige.

267. Por isso a Igreja acredita que a fé deve ordenar toda a vida do homem e todas as suas atividades, também as que se referem à ordem política: esta ordem está sujeita à ordem moral. A Igreja, iluminada pela fé, procura definir com sempre maior clareza as exigências que da ordem moral decorrem para a ordem política.

A fé como interpretação global da existência deve ordenar a Política.

268. A política, enquanto atividade que concretiza a responsabilidade de todos pelo bem comum, é dever de todos na Igreja. Enquanto atividade partidária, isto é, que busca os meios e estratégias para a realização dos grandes objetivos, é campo próprio dos leigos.

Política em sentido amplo é missão de toda a Igreja; em sentido estrito, compete aos leigos.

269. Concretamente, a atitude do cristão diante da política deve ser:

PARTICIPAÇÃO de cada um segundo suas possibilidades. A omissão

Atividades concretas dos cristãos:

Participação nas atividades.

Estudo das ideologias partidárias.

Respeito para com todos, evitando a violência.

ajuda a perpetuação de injustiças. Participando consciente e concretamente em atividades que visem ao bem comum, estamos exercendo nossa função política. E a isto todos somos chamados, não só como cidadãos, mas, acima de tudo, motivados pela fé.

270. *ESTUDO dos programas dos partidos para chegar a uma opção consciente, lembrando que nenhum partido, por mais inspirado que seja na doutrina da Igreja, pode arrogar-se à representação de todos os fiéis, já que seu programa concreto nunca poderá ter valor absoluto para todos.*

RESPEITO pelos outros, evitando extremismos e unilateralismos. Não podemos esquecer que o pluralismo é indispensável à expressão política, e que o Evangelho nos convida a renunciar a toda violência, mesmo verbal e sutil (cf. P 327, 521-524; ECOP 4-5).

3.3.7. O cristão em face da pobreza

Opção pelos POBRES.

271. *A evangelização dos pobres foi para Jesus um dos sinais messiânicos, e será também para nós sinal de autenticidade evangélica. Por isso, o compromisso evangélico na Igreja deve ser como o de Cristo: um*

compromisso com os mais necessitados. Por esse motivo, os pobres merecem de todos nós uma atenção preferencial, seja qual for a situação moral ou pessoal em que se encontrem. Criados à imagem e semelhança de Deus para serem seus filhos, essa imagem é obscurecida e até escarnecida. Por isso Deus toma sua defesa e os ama.

272. *Esse compromisso com os pobres e oprimidos nos ajudará a descobrir seu potencial evangelizador: constantemente eles nos interpelam, chamando-nos à conversão, pois muitos deles realizam em sua vida os valores evangélicos de solidariedade, serviço, simplicidade e disponibilidade para acolher o dom de Deus. Isso nos ajudará a redescobrir o extraordinário valor da pobreza evangélica ou cristã, que une a atitude de abertura confiante em Deus com uma vida simples, sóbria e austera, que aparta a tentação da cobiça e do orgulho. Dessa maneira praticaremos mais facilmente a comunicação e participação dos bens materiais e espirituais, e a abundância de uns remedeia a necessidade de outros.*

A Pobreza
EVANGÉLICA.

Igreja pobre.

273. *A exigência evangélica da pobreza, como solidariedade com o pobre e como rejeição da situação em que vivem, liberta o pobre de ser individualista em sua vida e de ser atraído e seduzido pelos falsos ideais de uma sociedade de consumo. E o testemunho de uma Igreja pobre pode evangelizar os ricos, que têm o coração apegado às riquezas, convertendo-os e libertando-os dessa escravidão e de seu egoísmo. Essa conversão traz consigo a exigência de um estilo de vida austero e uma total confiança no Senhor, já que na sua ação evangelizadora a Igreja contará mais com o "ser mais" e o poder de Deus e de sua graça, do que com o "ter mais" e o poder secular. Assim apresentará uma imagem autenticamente pobre, aberta a Deus e ao irmão, sempre disponível, onde os pobres têm capacidade real de participação e são reconhecidos pelo valor que têm (cf. P 1134-1165; 707; 733-735; 769; 1130).*

3.3.8. O cristão e a promoção da justiça, da dignidade humana, do desenvolvimento integral e da paz

274. *A libertação do pobre não se realizará sem a construção de uma sociedade mais justa, pois a raiz da pobreza é social. Neste sentido nós, como Igreja, apoiamos e desenvolvemos as organizações de defesa e de luta pelos direitos humanos, empenhando-nos para que se orientem por princípios e critérios cristãos; através dessas organizações, os pobres chegam a conscientizar-se e a assumir a própria libertação.*

Lutamos pela dignidade humana através da promoção da justiça.

275. *Por isso o cristão, no esforço constante de crescer na fé, procura empenhar-se na libertação integral, trabalha pela realização de uma sociedade mais solidária e fraterna, luta pela justiça e pela construção de uma paz que não seja mera ausência de conflitos, mas sim uma paz alicerçada na justiça. Mas também condena a violência como atitude não cristã e afirma que as transformações bruscas e violentas das estruturas são enganosas e ineficazes. Nossa responsabilidade de cristãos é promover de todos os modos os meios não-violentos e evangélicos para*

Nosso objetivo: baseados na força do Espírito Santo, condenamos a violência e lutamos pela criação de uma NOVA SOCIEDADE e o surgimento de um HOMEM NOVO.

restabelecer a justiça nas relações sócio-políticas e econômicas. Assim, possuindo a criatividade do Espírito que nos move com seu dinamismo, buscamos construir uma nova ordem nacional e internacional, que favoreça o surgimento de um Homem Novo, à imagem de Jesus Cristo.

Esforço de diálogo e de atuação em conjunto com todos.

276. Participamos também no diálogo e no trabalho com os que colaboram na construção da sociedade, particularmente com aqueles que têm poder decisório. Isso não exclui o reconhecimento do valor construtivo das tensões sociais que, dentro das exigências da justiça, contribuem para garantir a liberdade dos direitos, especialmente dos mais fracos (cf. P 533-534; 1254-1293; 1296; 1226; 1228; 1308-1309; 1188).

3.3.9. O cristão em face do pluralismo

Vivemos numa situação de pluralismo religioso e ideológico.

277. Nossa comunidade cristã vive num país com radical substrato católico, o que constitui um traço fundamental de identidade e unidade; mas, ao mesmo tempo, presenciamos entre nós um crescente pluralismo religioso e ideológico. O cristão católico deve viver sua fé em diálogo com essas diversas manifestações religiosas e culturais.

278. *O esforço de diálogo ajudará os católicos a aprofundarem a própria fé e identidade, e a conhecerem melhor os não-católicos, auxiliando-os a conhecerem e apreciarem a Igreja Católica e sua convicção de ser Sacramento da Salvação. De fato, a Igreja evangelizadora propõe a mobilização de todos os homens de boa vontade, principalmente os que professam a mesma fé em Cristo, para que, com novas esperanças, unam esforços e progressivas convergências, a fim de construir a "civilização do amor" e edificar a paz na justiça (cf. P 7, 1300, 1099, 1114, 1115, 1251, 1252, 1188; DCG 27; CT 32, 33, P 304).*

Conhecimento mútuo e união de todas as forças para a construção da CIVILIZAÇÃO DO AMOR.

3.3.10. Esperança escatológica e comunhão final com Deus

O cristão dá testemunho de esperança.

279. *A caminhada terrena da comunidade cristã não se faz na incerteza, pois já possuímos na esperança aquilo que possuiremos em plenitude na consumação da história. Por isso, embora peregrinos, caminhamos com segurança, e disso damos testemunho. O caminho que percorremos já foi percorrido por Cristo, pelos Santos, especialmente pelos santos da América Latina: os que morreram defendendo a integri-*

A vitória de Cristo e dos Santos nos dá coragem, mas, imersos ainda na fraqueza, consideramos as últimas realidades com temor e esperança, na expectativa da gloriosa MANIFESTAÇÃO do SENHOR.

dade da fé, a liberdade da Igreja e servindo aos pobres. A luz pascal de Cristo ressuscitado, de Nossa Senhora da Glória e dos Santos nos ilumina, nos fortifica e nos aponta a meta final da existência: a realização plena daquela comunhão com Deus, que agora vivemos pela presença do Espírito Santo em nós e pela vida de comunhão com os irmãos. Por isso nós, ainda peregrinos e conscientes de nossa fragilidade, meditamos o caminhar e a consumação da História, às vezes trágicos, sob o signo da consolação, de esperança e de salutar temor (1Ts 4,18), e assim assumimos nossa parcela de responsabilidade no tocante à nossa sorte futura.

280. Somente no encontro definitivo com o Pai, para além da morte, acharemos a plenitude de comunhão que seria utópico procurar no tempo. Enquanto a Igreja espera a união consumada com seu esposo divino, o "Espírito e a Esposa dizem: VEM, SENHOR JESUS" (Ap 22,17-20) (cf. P 265, 298, 209, 210; DCG 67).

IV PARTE

A COMUNIDADE CATEQUIZADORA

281. A Catequese é um processo dinâmico e abrangente de educação da fé, um itinerário, e não apenas uma instrução. Na Igreja primitiva, já encontramos essa concepção de Catequese no catecumenato, onde o ensino da "Doutrina dos Apóstolos" está unido a uma vivência comunitária, à liturgia e a uma prolongada iniciação à vida cristã em diversas etapas.

282. Puebla afirma que devemos empenharnos, como educadores da fé das pessoas e comunidades, "numa metodologia que inclua, sob forma de processo permanente por etapas sucessivas, a conversão, a fé em Cristo, a vida em comunidade, a vida sacramental e o compromisso apostólico" (P 1007).

283. Para uma verdadeira Catequese, não basta planejar o bom andamento de um conjunto de temas. Trata-se, a partir das exigências expostas, de promover a integração da caminhada da comunidade cristã com a mensagem evangélica.

284. É longa essa nossa caminhada à procura do conhecimento e do seguimento de Jesus Cristo. A sua palavra: "sejam perfeitos como o Pai é perfeito" (Mt 5,48), nunca chega a realizar-se plenamente em nossa vida. Por isso, jamais poderemos parar. A caminhada na educação da fé deve durar a vida toda. Não pode limitar-se a ocasiões e lugares. A Palavra nos chama sem-

pre de novo para a mudança de vida e para a construção do Reino de Deus na vida pessoal, na comunidade e no mundo.

285. No que segue, veremos como grupos podem caminhar e desenvolver-se para sempre mais se tornarem comunidades catequizadoras: é mais ou menos seguindo estes passos, que muitas Comunidades Eclesiais de Base se formaram no Brasil.

286. Apresentamos uma descrição lógica e idealizada, que nem sempre se verifica desta forma na realidade.

287. Depois examinaremos também como agir no caso de ainda não haver comunidade.

4.1. Exemplo de itinerário catequético de uma comunidade

288. Numa caminhada de comunidade, podemos observar inicialmente que vários elementos estão presentes e interagem. Para fins didáticos, focalizamos aqui somente quatro elementos:

a união entre os membros
a abordagem da realidade
a vida eclesial e
a explicitação da fé.

Tais elementos crescem e caminham quando a comunidade caminha. Cada um exerce influência nos outros. Não podemos determinar antecipadamente qual deles caminha primeiro e quanto tempo leva para dar um passo à frente. Cada comunidade tem sua história, própria que deve ser respeitada.

289.   4.1.1 — Começa a reunir-se um grupo de pessoas, geralmente de classe popular. As ocasiões que o levam a isso podem ser muitas: Novena de Natal, círculos bíblicos, grupos de preparação do batismo etc. Entre essas pessoas começa a nascer amizade. Elas se reconhecem como membros de um grupo. Visitam-se, cumprimentam-se na rua; colocam em comum e discutem entre si seus problemas pessoais e familiares. A vida eclesial ainda não tem muitas manifestações: a mais presente é a oração em comum, a leitura da Palavra de Deus.

290.   Neste primeiro passo, a explicitação da fé consiste numa geral e pouco aprofundada fé em Deus Pai e em Jesus, e numa devoção a Nossa Senhora e aos Santos. É uma fé cheia de manifestações religiosas populares, e que considera a Bíblia como a Palavra de Deus, como a carta que ele escreveu aos homens.

291.   4.1.2 — Geralmente essa fé na Palavra de Deus leva rapidamente o grupo a dar um novo passo. O povo, que não conseguiu ligar muitas vezes o catecismo com a vida, consegue ligar a Bíblia com o dia-a-dia. Se o que está escrito vem de Deus, devemos colocá-lo em prática.

292.   Neste momento, a figura de Jesus tem mais peso. A fé se torna mais explícita. Cristo é visto como modelo de vida e mestre da verdade.

293.   Isso faz caminhar o elemento união, que assume as características de colaboração e solidariedade entre os membros. Aparecem pequenos serviços, como visita aos enfermos, ajuda aos pobres.

294. Progride também a vida eclesial: a oração pelos outros, a legitimação dos casamentos, a primeira comunhão dos adultos, a assistência sacramental a doentes e velhos, o terço em família, as pequenas celebrações no dia das mães, dos pais, dos mortos, as novenas etc. Às vezes, o culto ou a Missa são vividos como momentos agradáveis de união e amizade e se dá importância maior aos gestos: abraços de paz, preparação das oferendas etc.

295. Os problemas pessoais passam a ser vistos numa dimensão maior: começa-se a discutir o custo de vida, o atendimento médico, o transporte etc.

296. 4.1.3 — Esse elemento, a realidade social, leva a um terceiro passo: ver os problemas em dimensão cada vez mais ampla. O grupo, que aos poucos se torna comunidade, procura conhecer as raízes sociais do mal que a atinge: o porquê da situação de opressão e injustiça. Entra o elemento da formação social da consciência cristã. Discute-se política, economia, multinacionais, capitalismo, comunismo etc. Vai-se à procura de peritos que ajudem a conhecer melhor a doutrina social da Igreja e os mecanismos de organização da sociedade.

297. A união da comunidade começa a manifestar-se em "gestos" públicos de solidariedade social e comunitária: abaixo-assinados, defesa dos direitos humanos, em particular dos pobres, denúncias, pequenas organizações populares, mutirões, caixinhas de saúde etc.

298. A fé também caminha. Procuram-se cursinhos bíblicos para conhecer o plano de Deus sobre o mundo e a sociedade. Jesus Cristo é visto como profeta que se posiciona, sem medo de falar a verdade. É o amigo dos homens, especialmente dos pobres.

299. A vida eclesial adquire novo aspecto. Os membros do grupo tornam-se mais ativos na vida paroquial e assumem certas lideranças na comunidade maior. As celebrações se tornam, pouco a pouco, celebrações ligadas à vida e aos acontecimentos. As pessoas fazem questão de participar de encontros e retiros. A própria contemplação do mistério de Cristo no decorrer do ano litúrgico, começa a ter aqui o seu espaço.

300. 4.1.4 — O passo que os membros da comunidade procuram dar em seguida é o mais difícil e o que desperta maiores preocupações. É o momento em que assumem tarefas sindicais, políticas, empresariais, "diluindo-se" no meio dos homens, como o sal na água. Nem por isso deixam de pertencer à comunidade e de participar de sua vida. Mas o fato de não mais se ver o "sal", gera inquietação em alguns cristãos mais preocupados com a vida interna da Igreja. Eles não percebem que os cristãos, como cidadãos do mundo, têm uma missão irrenunciável nas diversas instituições do mundo social e político, para que aí se realize o Reino de Deus.

301. Em nome do Evangelho, a comunidade eclesial deve iluminar pela Fé os projetos históricos, políticos, econômicos, culturais do mundo, promovendo a inviolável dignidade do homem, sua responsabilidade em face do bem comum. Mas a comunidade, enquanto Igreja, não se liga diretamente a um projeto histórico, espe-

cialmente na política. Pelo anúncio do Evangelho, ela se evidencia como portadora de critérios que a colocam acima de qualquer projeto. Também a CEB vive a tensão existencial de solidariedade com projetos concretos, e ao mesmo tempo se distancia deles por sua posição crítica e profética (cf. também "As Comunidades Eclesiais de Base na Igreja do Brasil — nº 73-77 — CNBB nº 25).

302. Nesse momento, a comunidade participa do processo de libertação do povo. Ela sabe que a transformação da sociedade não é tarefa exclusiva dos movimentos comunitários eclesiais. Sente o dever de colaborar com movimentos populares, como sindicatos, associações de bairro, partidos políticos etc. Os cristãos da comunidade entram em contato e colaboram com pessoas de outros credos e de outras ideologias. Confrontam-se com novos projetos e novas maneiras de agir. A leitura da realidade social se torna política e global. Discutem-se os métodos de ação, as diferentes estratégias. Por outro lado, este é um momento realmente catequético: o momento de uma adesão de fé explícita e madura. É o momento em que a comunidade e o cristão são interpelados a manter e aprofundar sua própria identidade cristã: que é mesmo que nos faz cristãos? O que temos de original para oferecer à humanidade que procura libertar-se?

303. A presença dos Pastores, neste momento, é decisiva para a sorte das comunidades. Os Bispos devem ajudar as comunidades, para que não se deixem instrumentalizar, para saberem discernir o que é específico para o cristão na linha da libertação integral do homem. Para que na sua luta, ao lado de outros que não

professam nossa fé católica, saibam manter-se fiéis na sua adesão a Jesus Cristo e à Igreja.

304. Nesse processo, manifesta-se para o cristão uma importante dimensão do homem perante Deus: a do homem pecador, que "sem Jesus nada pode fazer", mas que "nele tudo pode". O tomar consciência do pecado é o passo verdadeiro e insubstituível que conduz a uma adesão adulta e firme a Jesus Cristo. É o momento da maturidade da fé, quando Cristo é visto e aceito, não só como modelo a imitar e como profeta, mas como *Filho de Deus, Senhor e Salvador,* Aquele que tira o pecado do mundo. Tomar consciência do pecado é, então, reconhecê-lo como raiz dos males da sociedade e, mais profundamente, como algo que está enraizado no coração de todo homem, de onde não pode ser arrancado pelo próprio homem, se Cristo não o transforma, criando-lhe um coração novo.

305. Aqui a Catequese organizada encontra seu lugar fundamental. O Povo de Deus:

— passa a ver os sacramentos como celebração da presença de Jesus no meio da comunidade e como compromisso com o Reino;

— percebe mais claramente a ação do Espírito Santo que transforma, renova e envia sua Igreja, instrumento de salvação, para que dê conta do grande serviço que lhe cabe, ou seja, a construção do Reino de Deus; alguns descobrirão sua vocação especial a serviço do Reino, como religiosos ou como ministros;

— entra no processo de conversão para uma nova maneira de ser, de ver e de se posicionar diante da realidade: com coração de pobre, que espera de Deus a salvação e não a quer somente para si, mas para todos; confiando nos pobres, que são os destinatários privilegiados da salvação oferecida por Deus ao mundo; ao lado dos pobres e a serviço deles, como povo pobre por causa do Reino de Deus;

— aplica-se à contemplação de Maria e dos Santos, procurando neles encontrar a "mística" dos pobres de Deus.

306. Em suma, progredindo nessa caminhada, o cristão descobre alguns aspectos essenciais de sua identidade:

— a consciência do pecado ("Afasta-te de mim que sou pecador");

— a consciência da missão que Deus lhe dá e que lhe supera as forças ("Vem, eu te farei pescador de homens");

— a certeza de que Cristo vive no cristão ("Não sou eu que vivo, mas é Cristo que vive em mim");

— a descoberta de Cristo no irmão, pela prática concreta da caridade ("O que fizestes a um desses mais pequenos, é a mim que o fizestes").

307. A fé da comunidade, até aqui não suficientemente adulta, manifesta-se agora como adesão total a Cristo. A vida eclesial adquire dimensões mais profundas. As celebrações se tornam expressões da Aliança com Deus Salvador que nos fez salvadores com ele.

308. Assumindo serviços e ministérios na comunidade, os cristãos descobrem mais profundamente a importância do ministério dos Pastores. Tornam-se mis-

sionários, porque o Evangelho e sua realização constituem para todos os cristãos a razão de viver.

309. 4.1.5 — Todavia, para chegar a este ponto, não se pode marcar tempo. No primeiro passo, já está contido o último. Em todos os passos, o Senhor caminha com sua comunidade e a precede. O último passo será a consumação, no fim dos tempos, quando a união chegar, pela força e presença de Deus, a ser plena comunhão com o Pai, o Filho e o Espírito Santo. No Reino definitivo de Deus, a realidade será transformada em "novos céus e nova terra". A vida eclesial será o Paraíso, e já não será necessária a explicação da fé. "Sabemos que, quando ele aparecer, seremos semelhantes a ele, porque o veremos tal qual ele é" (1Jo 3,2).

310. A Catequese se faz ao longo de toda esta caminhada da comunidade. Nela se aprofunda a experiência do Deus vivo que caminha com seu povo e o conduz à salvação.

4.2. Que fazer quando ainda não existe comunidade?

311. Até aqui vimos um exemplo de como pode desenvolver-se o processo catequético, através da interação entre a caminhada de uma comunidade concreta e a mensagem evangélica. Mas, o que fazer quando ainda não existe comunidade assim?

312. Muitas vezes encontramos pessoas, praticamente sem ligação com uma comunidade eclesial de base nem com a paróquia local. São pessoas batizadas, mas de fé ainda não esclarecida. Para eles tam-

bém impõe-se um trabalho missionário da comunidade local. Para isso se há que utilizar uma gama quase infinita de meios, a começar pela pregação explícita, como é óbvio, mas também passando pela arte, pelos contatos e interesses no campo das ciências e das inquietações filosóficas, e até ao recurso legítimo aos sentimentos do coração do homem (cf. EN 51).

313. Aparecem também, — e convém provocá-las — ocasiões especiais em que o povo já se reúne em vista de um objetivo comum. Será a construção ou reforma de uma igreja, o auxílio a uma Igreja irmã. Serão problemas da comunidade local: água, esgoto, luz, calçamento, expulsão de posseiros, remoção de favelas, situação de empregadas domésticas, lutas sindicais...

314. Tudo servirá para começar uma caminhada de comunidade, mesmo que inicialmente só se possa falar de um "grupo de cristãos". Contudo, já será possível integrar, às vezes até sistematicamente, sólidos elementos da Mensagem Cristã.

315. Outras vezes teremos algum tipo de grupo mais característico de Igreja. O povo que se reúne para a Missa dominical vai constituindo, aos poucos, uma espécie de comunidade. Assim também, o grupo que se prepara para o batismo, a crisma e o casamento, para a Campanha da Fraternidade, o Mês da Bíblia, a Novena de Natal, a Semana Santa, como ainda os grupos especializados de movimentos leigos. O importante é que se aproveitem todas as ocasiões para iniciar uma caminhada catequética em comunidade.

316. O ideal comunitário poderá assim tornar-se cada vez mais presente, ao menos como perspectiva e esforço. De fato, a comunidade é condição indispensável para uma Catequese permanente.

CONCLUSÃO

317. Ao concluirmos estas Orientações para a Catequese Renovada, procuramos explicitar os rumos históricos da Catequese, seus princípios, exigências, seus temas, sua perspectiva comunitária.

318. Reafirmamos que a Catequese é um processo de educação comunitária, permanente, progressiva, ordenada, orgânica e sistemática da Fé. Sua finalidade é a maturidade da Fé, num compromisso pessoal e comunitário de libertação integral, que deve acontecer já aqui e culminar na vida eterna feliz.

319. Para vivermos esse processo e alcançarmos essa finalidade em nossas Igrejas, invocamos o Espírito Santo, primeiro agente de toda a Evangelização. Pensando na multidão dos pobres e simples que têm verdadeira sede de Deus, recordamos agradecidos o papel da Nossa Senhora sob o título de Aparecida — a grande Catequista que sustenta a fé e a esperança do povo brasileiro.

ÍNDICE

APRESENTAÇÃO	7

I PARTE — A CATEQUESE E A COMUNIDADE NA HISTÓRIA DA IGREJA ... 9

1.1.	Catequese como iniciação à fé e vida da comunidade	9
1.2.	Catequese como processo de imersão na cristandade	10
1.3.	Catequese como instrução	11
1.4.	Catequese como educação permanente para a comunhão e participação na comunidade de fé	12
1.4.1.	No século XX	12
1.4.2.	Na América Latina	14
1.4.3.	No Brasil	14
1.4.4.	Características	15

II PARTE — PRINCÍPIOS PARA UMA CATEQUESE RENOVADA ... 18

2.1. Revelação e Catequese

2.1.1.	A linguagem da comunicação de Deus	19
2.1.2.	Deus quer comunicar-se a si mesmo e formar o seu povo	19
2.1.3.	A "pedagogia" de Deus	20
2.1.4.	A história da Revelação	21
2.1.5.	A plenitude da Revelação: Jesus Cristo	23
2.1.6.	Cristo se comunica pelo Espírito Santo	24
2.1.7.	Tradição, Escritura e Magistério	25
2.1.8.	Fé e Comunidade Missionária	27
2.1.9.	Experiência humana e Revelação	28
2.1.10.	Ministério da Palavra e Catequese	29

2.2.	**Exigências da Catequese**	
2.2.1.	Fidelidade a Deus e ao homem	32
2.2.2.	Fidelidade às fontes	33
2.2.3.	Critérios de unidade, organicidade, integridade e adaptação	37
2.2.4.	Dimensões da Catequese	40
2.2.5.	Em métodos diversos o mesmo princípio da interação	42
2.2.6.	Lugares da Catequese	45
2.2.7.	Catequese segundo idades e situações	
2.2.7.1.	Educação permanente da fé	49
2.2.7.2.	Catequese de adultos	49
2.2.7.3.	Crianças, adolescentes e jovens	50
2.2.7.4.	Excepcionais	54
2.2.7.5.	Outras situações	55
2.2.8.	Missão e formação do catequista	55
2.2.9.	Textos e manuais de Catequese	58

III PARTE —	TEMAS FUNDAMENTAIS PARA UMA CATEQUESE RENOVADA	61
3.1.	**A situação do homem**	
3.1.1.	Várias visões do mundo	62
3.1.2.	Como Jesus via o mundo	63
3.1.3.	Como vemos nós a realidade?	64
3.2.	**Os desígnios da salvação de Deus: A verdade sobre Cristo, a Igreja e o Homem**	
3.2.1.	**A verdade sobre Jesus Cristo**	
3.2.1.1.	Deus voltado para o mundo	66
3.2.1.2.	A criação, início do plano de salvação	67
3.2.1.3.	O homem "criado maravilhosamente" e decaído	69
3.2.1.4.	Jesus Cristo, centro do plano da salvação	72

3.2.1.5.	Jesus Cristo: sua encarnação e vida entre nós	
3.2.1.5.1.	A Encarnação	74
3.2.1.5.2.	Vida e Ensinamentos	75
3.2.1.5.3.	A práxis de Jesus	77
3.2.1.5.4.	O seguimento de Jesus e a conversão	78
3.2.1.6.	O mistério pascal	
3.2.1.6.1.	A morte redentora de Jesus	78
3.2.1.6.2.	Sua ressurreição-exaltação	79
3.2.1.6.3.	Jesus Ressuscitado, Senhor da História	80
3.2.1.7.	O Pai e Jesus enviam seu Espírito	
3.2.1.7.1.	O Espírito Santo é o Espírito de Jesus	80
3.2.1.7.2.	A ação do Espírito Santo hoje	81
3.2.1.7.3.	Espírito que reúne na unidade e enriquece na diversidade	82
3.2.1.8.	O Deus revelado em Jesus Cristo e no Espírito Santo: um Deus de comunhão e participação	83
3.2.2.	**A verdade sobre a Igreja**	
	Introdução: Jesus fundador da Igreja como sinal do Reino	85
3.2.2.1.	A Igreja, Povo de Deus	86
3.2.2.2.	A Igreja, comunidade a serviço da salvação do mundo	87
3.2.2.3.	A Igreja, sacramento de comunhão	
3.2.2.3.1.	A dimensão comunitária da Igreja	92
3.2.2.3.2.	A dimensão comunitária e o pecado	93
3.2.2.3.3.	A dimensão comunitária e ecumênica	94
3.2.2.4.	Os Sacramentos, ações de Cristo na Igreja	95
3.2.2.5.	Os Sacramentos numa perspectiva integral	97
3.2.2.6.	Igreja, Sacramentos e Liturgia	98
3.2.2.7.	A Eucaristia, centro de toda vida sacramental	99
3.2.2.8.	Maria, Mãe de Deus e modelo da Igreja	101

3.2.3.	**A verdade sobre o homem**	
3.2.3.1.	O homem renovado em Jesus Cristo	105
3.2.3.2.	O homem, cooperador de Deus no plano da salvação	105
3.2.3.3.	Grandeza da liberdade humana e cristã	106
3.2.3.4.	Dignidade da consciência moral	107
3.2.3.5.	O pecado do homem	107
3.2.3.6.	Reconciliação com o Pai em Cristo	108
3.2.3.7.	O mistério da morte e da vida eterna	109
3.3.	**Os compromissos do cristão**	
3.3.1.	A fé, resposta do Homem a Deus, expressa na fraternidade e no culto	111
3.3.2.	O cristão na construção da História	114
3.3.3.	O cristão na comunidade eclesial	115
3.3.4.	O cristão e a família	118
3.3.5.	O cristão e o trabalho	119
3.3.6.	O cristão e a Política	120
3.3.7.	O cristão em face da pobreza	122
3.3.8.	O cristão e a promoção da justiça, da dignidade humana, do desenvolvimento integral e da paz	125
3.3.9.	O cristão em face do pluralismo	126
3.3.10.	Esperança escatológica e comunhão final com Deus	127

IV PARTE — A COMUNIDADE CATEQUIZADORA   129

4.1.	Exemplo de itinerário catequético de uma comunidade	130
4.2.	Que fazer quando ainda não existe comunidade?	137

CONCLUSÃO   139

Rua Dona Inácia Uchoa, 62
04110-020 – São Paulo – SP (Brasil)
Tel.: (11) 2125-3500
http://www.paulinas.com.br – editora@paulinas.com.br
Telemarketing e SAC: 0800-7010081